Aus Lust am Fabulieren

von
GeJo

Herausgegeben von
Bernd Reiner Kliesch

Wichtiger Hinweis

Inhaltsverzeichnis

Prolog

Vor zwanzig Jahren schenkte mir meiner Mutter einen großen Stapel mit teilweise bedrucktem und teilweise einfach mit der Hand beschriebenen vergilbte, in alte graue Kladden und Ordner abgeheftete Papiere.
Es war das literarische Erbe und Lebenswerk meines verstorbenen Stiefvaters:

Wir nannten ihn GeJo!

Fast ebenso lange gilbte dieser Wust aus Papier ein von mir unbeachtetes Dasein in den Tiefen meiner Schränke, die im Keller meines Hauses stehen.

Irgendwann beim Lüften, Sichten und Entrümpeln meiner über die Zeit gesammelten, gehorteten physischen Erinnerungen, die mir geradezu unübersehbar präsent überhand zu nehmen schienen, stieß ich auf eben diese alten verstaubten Kladden und Ordner, die ich damals von meiner Mutter entgegennahm.

Ich hatte bis dahin nicht eine einzige Zeile von diesen dicht beschriebenen Papieren gelesen. Vielleicht war ich noch einfach zu jung zur damaligen Zeit.

Vielleicht war ich in anderen Dingen, meiner Arbeit, meiner noch jungen Familie zu sehr involviert und hatte schlicht für das, was ich jetzt umzusetzen mich entschlossen habe, einfach keine Zeit?

Doch wie bringt man Gedanken, Gedichte und Geschichten bis hin zu einer Autobiografie eines anderen Menschen, aus einer anderen Zeit, gerade auch wenn er mein Stiefvater war, zu etwas lesbaren, einem Buch zusammen? Zumal mir dieser Stapel an Papier, der so gelassen, selbstbewusst und beinahe auffordernd, wie selbstverständlich seinen Platz auf meinem Schreibtisch einnimmt, mir ordentlich Respekt abringt

Die Erkenntnis, das es mit einem Buch nicht getan sein wird, trifft mich beinahe unvorbereitet.

Zu vielfältig ist das Material, das geschriebene und gedankliche Erbe, das mir mein Stiefvater mit dem Umweg über meine Mutter hinterlassen hat.

Doch mein Entschluss ist gefasst. Ich werde die Gedanken- und Erlebniswelt meines Stiefvaters hier in diesem Buch und auch in den noch kommenden Büchern, unverfälscht einer Leserschaft übergeben, die es verdient am Leben und schriftstellerischen Werken dieses außergewöhnlichen Dichters, Denkers, und bis heute unveröffentlichten Schriftstellers teilzunehmen und ihm posthum ein Podium verschaffen, welches er sich zu seinen Lebzeiten nicht verdienen konnte.

Bernd Reiner Kliesch

Der Utopist

Sie trafen sich, wie immer bei schönem Wetter, wieder im Park.

Beide, Franz und Paul, hatte man vorzeitig „in Rente“ geschickt.
Jetzt hatten sie beide viel Zeit.

Franz war mit seinem Los gar nicht zufrieden. Er murrte, zum „alten Eisen“ geworfen worden zu sein.

Paul hingegen schien es nichts anzuhaben. Ein stilles Lächeln lag immer um seine Züge. Er strahlte sogar eine gewisse Zuversicht aus.

„Sag mal,“ begann Franz das Gespräch, „Du machst immer so ein zufriedenes Gesicht, meckerst nie über etwas, klagst nicht, wobei doch gerade Du allen Grund hättest, mit Deinen Beinen. Mir dagegen geht es doch gesundheitlich ganz gut und trotzdem bin ich unzufrieden."

Paul lachte: „Du kennst doch meine Einstellung. Mein Glaube ist meine Zuversicht. Ich glaube, was Jehova Gott uns verheißen hat und weiß, dass alles Leid bald ein Ende finden wird."

„Ja, ich weiß es. Du hast mir oft davon erzählt. Ich habe auch darüber nachgedacht."

„Und?"

„Das alles ist zu fantastisch. Mit der Realität hat das doch gar nichts zu tun. Du sagtest, dass Dein Gott…"

„Entschuldige, wenn ich Dich unterbreche. Es ist unser Gott, auch der Deine."
„Ja gut, also das Gott die Erde erneuern und den Menschen darauf ewiges Leben geben wird."

„So ist es. Doch nicht allen Menschen, sondern nur seinem Volk. Seinem Volk, das nach seinen Geboten lebt und trotz aller Widerwärtigkeiten sein Königreich verkündet.“

„Du sagtest es schon. Sicher, unsere Erde ist allmählich zum Abfallhaufen geworden. Flüsse und Meere sind verseucht, die Luft verpestet. Aber man hat endlich erkannt, es muss endlich etwas dagegen unternommen werden.“

„Ja, begriffen haben sie es. Doch was unternehmen sie dagegen?“

„Nun, schon die Erkenntnis ist der erste Schritt und Anfänge wurden auch schon getätigt. Auch mit der Friedenssicherung wird es auch allmählich. Sieh doch nach dem Osten. Dann die Abrüstung. Stück für Stück geht es voran. Sie schaffen es noch, dass es keine Kriege mehr geben wird. Du aber sprichst von einem Königreich, von einem Paradies auf Erden. Das ist doch reine Utopie."

„Nein Franz, im Gegenteil, das ist die Realität. Natürlich muss man Glauben haben. Doch es ist der Glaube an unseren Gott, Jehova, an die Wahrheit seines Wortes. In dem ist keine Lüge zu finden."

„Aber ich glaube doch auch an Gott, allerdings auf meine Weise."
„Das bezweifle ich gar nicht. Nur Du glaubst mehr an den Menschen. Du schenkst den Worten von Menschen mehr glauben als dem Wort Gottes."

„Nicht ganz, Paul. Ich versuche nur beides miteinander in Einklang zu bringen. Schließlich lebe ich hier, muss mein Leben gestalten und brauche nun mal Personen, denen ich mein Vertrauen schenken kann."

„Vertrauen schenken, Franz, ist ganz richtig. Nur, kannst Du Menschen vertrauen? Hast Du nicht selbst oft genug festgestellt, dass Reden und die nachfolgenden Taten zweierlei sind?“

„Man kann halt in der Politik nicht alles verwirklichen was man sich vorgenommen hat.“

„Warum ist es dann so, Franz?“

„In der Politik müssen schließlich die Interessen aller gewahrt werden.“

„Ist das nicht eine Utopie, allen Recht tun
zu wollen? Was sagt ein Sprichwort: Des einen Uhl, ist des anderen seine Nachtigall.“

„Nun ja, allen Menschen recht getan ist eine Kunst die niemand kann, um beim Sprichwort zu bleiben.

„Das bestätigt doch nur meine Aussage in Bezug auf den Menschen. Sie können nicht das wohl jedes einzelnen im Auge behalten.
Habsucht, Gewinnstreben, Neid und vieles andere lassen es gar nicht zu.
Dann die unterschiedlichen Interessen der einzelnen Nationen. Tausende und abertausende Menschen verhungern täglich, einige wenige stapeln das Geld und haben damit die Macht.
Bist Du wirklich der Meinung, dass Menschen diese Probleme aus der Welt schaffen können? Selbst eine Weltregierung könnte es nicht.“

„Also Paul, eine Weltregierung wird es nicht geben. Trotzdem, meine ich, siehst Du die Dinge zu schwarz.“
„Keineswegs, Du liest doch täglich Deine Zeitung. Du siehst doch immer die Nachrichten. Das sind doch Tatsachen.“

„Das ändert sich bestimmt, wenn erst

einmal der Friede gesichert wird. Also musst Du es glauben. Damit aber glaubst Du an den Menschen."

„So würde ich das nicht sehen."

„Dann denk doch mal über folgendes nach:
Kriege gab es doch immer und danach auch immer wieder einen Frieden. Dann kam der erste Weltkrieg. Was hier an Menschen und Material vernichtet wurde, schreckte die Völker auf.
Nie wieder Krieg, war in aller Munde. Der Völkerbund wurde ins Leben gerufen. Alle Welt glaubte daran. Dieser Bund würde jeden Krieg unmöglich machen. Wie lange aber hielt dieser Glaube an den ewigen Frieden von Menschen gemacht?

Grausam wurde dieser Glaube zerstört. Der zweite Weltkrieg, dessen Ausmaß und Grausamkeit den vorhergegangenen um ein Vielfaches übertraf, zerschlug alles.

Nun kam die UNO, die Fortsetzung des Völkerbundes und damit wieder der Glaube an ihn, an den ewigen Frieden, von Menschen geschaffen. Welch eine Farce, eine Wiederholung der Geschichte, denn noch nie hat der Mensch aus der Geschichte gelernt.“

„Immerhin hat die UNO einiges verhindert und vieles geschlichtet.“

„Das mag durchaus sein. Doch hat sie den Frieden geschaffen, von dem Du träumst? Täglich, seit dem zweiten Weltkrieg, wird irgendwo geschossen. Täglich sterben Menschen. Abrüstung? Ja, hier abgerüstet was veraltet, dort neues geschaffen. Frieden, gestützt auf Waffen?“

Nun überlege weiter. Was Menschen versprachen konnten sie nicht halten.

Was Menschen prognostizierten, traf nicht ein. Du bist doch überzeugt, dass die Bibel Gottes Wort ist. Wenn Du darin liest, wirst Du feststellen, dass alles was Jehova Gott prophezeien ließ eingetroffen ist, dass er seine Versprechungen für die Menschheit gehalten hat. Der beste Beweis ist doch der, dass er seinen Sohn Mensch erden ließ und ihn für und einen schmachvollen Tod sterben ließ, um uns u erlösen. Auch seine Worte erfüllen sich täglich vor unseren Augen. Sollten dann seine Worte für unsere Zukunft keine Bedeutung haben?"

Und nun sage mir, wer ist hier der UTOPIST?"

GeJo, Datum unbekannt

Träume

Sie kennen mich nicht. Nur einigen, wenigen Menschen sagt das Pseudonym „GeJo“ etwas. Vielleicht kommt einmal der Tag, an dem auch Sie wissen, wer GeJo ist oder war. Vielleicht, wenn er nicht mehr ist und Lesen wieder Bedeutung hat.

Wie dem auch sei. Lassen Sie mich trotzdem von den Träumen eines Menschen erzählen, der sich diese, wenn auch wechselnder Natur, bis ins hohe Alter bewahrt hat.

Träume? Auch noch in dieser Zeit, an der Schwelle des nächsten Jahrtausends? In dem Chaos das der Mensch nicht nur selber schuf, sondern ständig steigerte? In einer Zeit, in der mit der vermutlichen Bewältigung eines Problems zwei neue geschaffen werden? Ja, auch in einer solchen Zeit, solange Träume nicht die Realität des Lebens beeinflussen, sondern als zeitweilige Flucht aus ihr dienen und damit neue Kraft für sie zu schaffen.

Habe ich mich zu kompliziert ausgedrückt? Sicher nicht. Doch wenn ja, denken Sie darüber nach.

Lange Jahre war ich ein Einzelkind. Kind deines Bergarbeiters im oberschlesischen Kohlerevier. Ein Kind wie jedes andere, mit Freunden aus den gleichen Kreisen, aber auch aus den sogenannten „besseren" Kreisen. Kinder kannten den Unterschied nicht. Nur die „Alten".

Mein Großvater führte mich durch die Wälder, lehrte mich die Bäume, Sträucher und auch die Tiere des Waldes kennen. Meine Großmutter führte mich durch die Felder und Wiesen. Sie zeigte mir Saat, Reife und

Ernte, lehrte mich die Kräuter der Wiesen und ihren Nutzen für die Menschen.

Der Wald hatte es mir angetan. Ich sah den ersten Förster, das Forsthaus mitten im Wald. Müsste das schön sein, ständig im Wald zu leben, Mit Reh und Hirsch auf Du und Du. Einen treuen Hund, ein Gewehr auf dem Rücken und ständig durch die Wälder streifen.

Tief im Wald lag das Forsthaus. Es wurde Herbst. Das Laub der Bäume färbte sich in bunte Farben. Schräg stand gleißendes Sonnenlicht auf der farbigen Pracht und ließ das Grün der Tannen noch dunkler erscheinen. Die tiefe des Waldes hüllte sich bereits in Dunkelheit.

Bizarre Schattengestalten schlängelten sich über den Weg, als die Sonne sich zum Abschied rüstete. Rauschend bog der Wind die Kronen der Bäume. Doch was wollten Wind und Schatten mir anhaben? Mir gehörte der Wald.

Leise warnend verhielt der Hund. Ich blicke auf. Zwei, vier, nein, noch mehr Lichter glommen in der Dunkelheit. Ein letzter Sonnenstrahl traf die Szene. Da sah ich es. Treue Rehaugen blickten mich an, ein wenig ängstlich, ein wenig fragend. Dann stoben sie davon, zurück in die schützende Dunkelheit.

Das war ein Traum. Doch später, Jahrzehnte später, sah ich einmal in die Augen eines Rehes. Es war hinter einem Zaun, der Freiheit beraubt. Es sah mich an. Ein Hauch von Wehmut lag in diesem Blick. Mich deuchte, ich sähe in die traurigen Augen eines Menschen.

Winter. Im tiefen Schnee lagen Forsthaus und Wald. Heuraufen im Freien, auf der Lichtung vor dem Forsthaus, gut gefüllt.

Hirsch und Reh fanden sich ein. Ohne Scheu ließen sie mich in Ihre Nähe, ich war doch ihr Freund. Doch immer waren sie fluchtbereit. Und wieder waren es die Augen. Fragend, ein wenig ängstlich und doch mit einem Hauch von Zutrauen. Doch dann stobte der Schnee auf. Wie in eine Wolke gehüllt verschwand das Rudel im Schutz des Waldes.

Ja, es musste herrlich sein, das Leben eines Försters. Doch dann kam ein Tag, ein Tag der Realität. Dank meines Großvaters hatte ich mich längst mit einem Förster angefreundet. Oft durfte ich Ihn begleiten. Doch wie gesagt, dann kam jener Tag. Mein Förster hatte einen Rehbock geschossen. „Es musste sein," tröstete mich der Förster, „auch das gehört zu diesem Beruf."

Ich sah in die erloschenen Augen des Tieres. Augen die mich vielleicht einmal fragend und scheu angeblickt hatten. Nun waren sie tot. Mit ihnen aber war der Traum vom Forstberuf gestorben.

Trotzdem blieben der Wald und seine Tiere und auch der Köhler, den ich später kennenlernte, mein Wanderziel, das Ziel eines Einzelgängers.

Aus diesem Einzelgängertum bin ich wohl nie ganz herausgekommen, bis heute nicht. Denn, obwohl ich gerne mit Menschen umgehe, meine Frau und die Kinder liebe, ist das Alleinsein immer noch Erholung für mich. Ein Fakt, mit dem ich mich selbst oft auseinandersetzte.
Auch in meinen weiteren Träumen wurde selten ein zweiter Mensch mit einbezogen.

Dann war es mein Vater, der mir an stillen, klaren Abenden den Sternenhimmel zeigte. Da war der Polarstern, der große und der kleine

Bär, da waren der „Himmelsjäger“ Orion, und die Zwillinge und viele andere, schier unübersehbar.

Dann erzählte er von den alten Seefahrern, die sich nach diesen Sternen orientierten und immer ihren Weg fanden. Das war interessant. Als Vaters Wissen erschöpft war, verschlang ich förmlich alles an Literatur über die alte Seefahrt, dessen ich habhaft werden konnte und versuchte mich am Himmel zu orientieren.

Damit begann mein nächster Traum, der nie ganz zum Erliegen kam. Natürlich fuhr ich nur auf den alten Schiffen der Vorzeit. Stürmen war zu trotzen, dem Klabautermann ein Schnippchen zu schlagen. Atlas und Reisebeschreibung waren meine ständigen Begleiter. Der Atlantik wurde kreuz und quer durchfahren,

Kap Horn umsegelt, die Welt des Pazifiks erschlossen.

Aber auch zu Land schienen die Sterne. Auch zu Land gab es Entdeckungen zu machen. Karl May, welch herrliche Bücher hatte er geschrieben. Weniger die Abenteuer hatten es mir angetan. Land und Leute waren interessanter. Als mir Jahrzehnte später der Roman „Sturm über dem Kaiberpaß" in die Hände kam, glaubte ich beim Lesen, die Gegend zu kennen.

Jäh zerstoben alle Träume, von Nazi-Stiefeln zertreten (allerdings sah ich das erst später so). Nur die See und meine Sterne konnten sie mir nicht nehmen.

Allerdings, die See nahm mir mein Vater, als ich glaubte diesen Traum verwirklichen zu können. Ich schrieb darüber in „Wege durch die Zeit". Was blieb, war wieder nur der Traum von der Seefahrt (der christlichen natürlich).

Dann kam eine traumlose Zeit. Die Realität des Lebens erstickte jeden Traum im Keim.

Kann ein Mensch in diesem Alter auch noch träumen? Ich sagte es eingangs schon, ja. Er kann es, trotz der harten Lehre des Lebens. Mir jedenfalls geht es so.
Gewiss, die Grenzen werden enger. Oft wird es schwer sich hinüberzuflüchten. Flucht? Ist es das? Ich meine ja. Doch es ist nicht die Flucht vor sich selbst, auch nicht vor dem Alltag, sondern aus ihm, um nach kurzer Zeit wieder zurückzukehren. Mit neuer Kraft gestärkt, zum Segeln auch gegen den Wind.

Und noch etwas. Gelassenheit und Gleichmut setzt man den Dingen entgegen, die unvermeidlich sind. Kraft schöpft man daraus, Dinge zu ändern, die man ändern kann. Die Grenze zwischen beiden ist oft schwer zu erkennen. Was macht das schon. Stößt man sich den Kopf, kennt man sie. Die Gelassenheit bleibt. Ein Produkt der Träume.

So sind auch mir meine Träume geblieben. Die See, die Sterne und- die Schönheiten unserer Erde.

Warum vernichtet Ihr, Menschen, Eure Lebensgrundlage? Sollen die Schönheiten unserer Erde bald nur ein Traum von Vergangenem sein? Ein Traum inmitten von Betonwüsten, Sandwüsten, vergifteter Böden und Flüsse, toter Meere und Hunger trotz allem Reichtum der Erde?

Hütet Euch. Dieser Planet ist einmalig. Er war vor Euch und wird nach Euch sein. Nur Ihr, die Ihr ihn jetzt vernichten wollt, werdet nicht mehr sein. Seine Rache, an den Wunden, die Ihr ihm schlagt, ist gewiss. Er spottet Eurer Ohnmacht, denn hinter ihm steht sein noch duldsamer Schöpfer, der eines Tages die Vernichtung Werkes nicht länger hinnehmen wird.

Ich streife durch die Wälder, durchpflüge die Meere, richte mich nach den Sternen, ja, steige zu ihnen auf, und- bleibe doch der erdengebundene Mensch dieser Tage.

GeJo, 06.03.1993

Der Angler

So, da wären wir. Mal sehen, ob sie heute beißen. Doch nur keine Eile. Erst mal in Ruhe auspacken. Alles dabei? Natürlich, ich vergesse schon nichts.

Aha, da sind ja auch die Butterbrote. Was hat mir mein holdes Weib denn heute eingepackt? Leberwurst, schon wieder Leberwurst. Dabei habe ich meiner Alten doch erst gestern noch gesagt, dass ich das Zeug leid bin. Na ja, Bier und Schnapsflasche hat sie ja drin gelassen.

So, das wäre die erste Angel. Schön festgelegt, so. Das ihr mir nicht jetzt schon rangeht. Erst muss ich die zweite noch setzen. Fertig. Ich setz mich dazwischen. Jetzt kommt mal schön meine Freunde, aber nicht alle auf einmal.

Verdammt, jetzt wäre ich doch glatt eingepennt. Kein Wunder, war ja auch ein bisschen spät gestern, am Stammtisch. Ausgelacht haben sie mich. Keiner hats geglaubt. Aber es war trotzdem so ein Brocken. Na ja, es war ja schon ein paar Tage her. Aber die anderen spinnen wochenlang, wenn sie mal einen guten Fang hatten.

Der Paule zum Beispiel. Vier Wochen ist es schon her. Da hat er einen mächtigen Hecht geholt. Wenn ich Ihn nicht- halt, da beißt einer. Langsam einholen. Verdammt, jetzt ist er weg. Und der Köder auch. Na ja, kann passieren.

Wo war ich stehen geblieben? Ach so, der Paule mit seinem Hecht. Wenn ich ihn nicht selbst gesehen hätte, geglaubt hätte ich es ihm nicht. Keine fünfzig Meter weg hat er von mir gesessen. Aber, vier Wochen und er spinnt immer noch davon.

Dann gestern der Krach mit meiner Alten. Gut, es war schon zwei Uhr geworden. Aber warum das Gezeter? Sie konnte doch ins Bett gehen.

Wenn ich es mir überlege, ganz schön voll war ich ja. Aber der Mensch lebt doch nur einmal. Lang genug geschuftet hab ich ja
bis zur Rente.

Ist schon komisch jetzt, das Leben. Früher, wie ich Tag für Tag zur Schicht musste, war zu Hause alles in Butter. Jetzt stehe ich meiner Alten überall im Weg.

Da kommt ja Paule. Na, der ist vielleicht spät dran heute.

„Tag Paule!"
„Tag, schon lange hier?" Na, der hat heute eine Stimme wie ein Reibeisen.
„Nö, auch erst gerade gekommen."

Geht ihn ja nichts an, dass ich schon zwei Stunden hier sitze. Mal sehen, wo er sich platziert. Aha, jetzt packt er aus. Stück weiter hätte er ruhig gehen können. Schnappt mir noch das beste weg.

Ha, da hängt einer dran. Schön langsam, komm Freundchen, komm. Ziemlich leicht. Wird wohl nicht viel sein. Siehste, hab ich's nicht gesagt, so klein und schon an der Angel. Ab mit dir, zurück ins Wasser. Werd erst mal größer, dann darfste wiederkommen.

Nanu, Paule packt wieder ein?
„Ich geh um die Biegung!" Schrei nicht so, Du verscheuchst noch die Fische.
„Is recht, Paule!" Ist mir lieber so, wenn ich alleine bin.

Ich glaub' es ist Zeit was zu essen. Was denn, was denn, hab ich den Flachmann schon wieder leer? Na, zwei Pullen Bier hab ich ja noch Ja, ja, da ist meine Alte großzügig. Nur nicht, wenn ich in die Kneipe gehe.

Nee, nee, diese Leberwurst. Hier probiert mal ein bisschen davon, meine Freunde im Wasser. He, he, nicht so wild. Da, jetzt hängt auch noch einer dran. Wie der reißt, jetzt aber flott. Verdammt, jetzt ist das ganze Brot im Wasser. Fresst es nur.

Langsam zieh'n, nachlassen und noch mal das Seilchen. Komm, komm, schön langsam und ruhig, bald bist Du an Land. Das mir jetzt keiner an die andere Angel geht.

Oha, das ist ein Bursche. Glaubt mir wieder keiner. Paule ist jetzt weg. Nachlaufen, ihm das Biest zeigen? Nee, kommt nicht in Frage.

Na, heut freut sich meine Alte bestimmt. Das kleine Gesochse, das ich immer bring, macht nur zu viel Arbeit.

Das soll ich gleich wieder zurückschmeißen. Als wenn ich immer nur mickriges Zeug gebracht hätte. Na, heute hast Du was Du wolltest. Da kannste noch die Kinder einladen.

Schnaps alle, Bier alle, Brot bei die Fische. Schluss für heute, eingepackt. Reicht ja auch. Nach dem Fang hab ich sowieso kein Glück mehr heute.

Ja guck mal an, was ist denn da noch unten im Kasten? Da ist er ja, der Flachmann den ich vorige Woche gesucht habe. Hatte schon geglaubt , meine Olle hätte ihn mir weggenommen. Ist doch manchmal ganz gut, wenn man nicht so pingelig Ordnung unter dem Zeug hat.

Jetzt hab ich noch was zu tun. Ein Stündchen bleib ich schon noch. Als dann

Prost und Petri heil.

Begegnung im Park

Es war ein klarer, kalter Januarmorgen, Schnee war des Nachts gefallen. Noch stand die Sonne tief am Horizont. Es fröstelte mich ein wenig, als ich den verschneiten Park betrat. Der Schnee knirschte unter meinen Füßen. Die Hände tief in den Manteltaschen vergraben, stapfte ich tiefer in den Park.

Schnee lag auf den Bänken. Die Büsche schienen weiße Hauben aufgesetzt zu haben. Des Nachts musste ein Maler wohl dicke, weiße Streifen auf die Äste der Bäume gezogen haben. Kein Lüftchen regte sich. Stille ringsum, ich war allein, allein wie immer.

Plötzlich war da so ein kleines, kläffendes und heftig schwanzwedelndes Etwas vor meinen Füßen. Treue Hundeaugen blickten mich an. Ich bückte mich und strich mit der Hand über sein Fell. „Na Du kleines Kerlchen, was machst Du denn hier allein. Hast Dich wohl verlaufen?“

Nein er hat sich nicht verlaufen. Er gehört mir", klang da eine angenehme und wohltönende, weibliche Stimme neben mir.
Erschrocken fuhr ich hoch und sah in paar klare, blaue Augen. Ein kirschroter Mund hatte die Worte geformt. Lockiges, kastanienbraunes Haar quoll unter einer Pelzkappe hervor. Ein Pelzmantel hüllte sie ein. Ihre Füße steckten in langen, schwarzen Stiefeln.

„Entschuldigen Sie, ich dachte ..., ich wollte ...“ stotterte ich ziemlich verwirrt.
„Aber bitte, warum entschuldigen Sie sich? Ich sah Sie schon längst gedankenverloren den Weg herunterkommen. Nun habe ich Sie erschreckt.“

Ich hatte mich gefangen. Kurz lauschte ich dem Klang ihrer Stimme nach. Immer noch sah ich fasziniert in diese Augen.

„Sie haben mich gewiss nicht erschreckt“, log ich und sah dabei ein wenig verlegen zu ihrem Hündchen hinunter.
„Ein liebes Tier das Sie dahaben.“ Ich streichelte wieder das weiche Fell.
„Ja, das ist es und ich habe es sehr gerne“, entgegnete sie.

„Wenn Sie gestatten, ich dachte ..., ich wollte ...,“ schon wieder wurde ich verlegen.
„Sie stottern ja schon wieder. Ich muss Sie wohl sehr erschreckt haben.“
Jetzt wurde ich wütend auf mich selbst und gab mir einen Ruck.

„Ich wollte Sie fragen, ob ich Sie ein Stück des Weges begleiten darf.“ So jetzt ist es raus, nun kam die Abfuhr.

Da blickten ihre Augen mich schelmisch an.

„Aber gewiss, warum denn nicht“, hörte ich ihre Antwort. Ich muss wohl ein ziemlich verdutztes Gesicht gemacht haben, denn sie lachte hell auf. „Nun kommen Sie schon. Wir frieren hier sonst noch an.“

Nebeneinander gingen wir weiter und plauderten. Mal über ernste Dinge, mal über Erheiterndes. Ihr glockenhelles Lachen machte mir ungemein Freude. Dann stellten wir fest, dass wir beide allein in dieser großen Stadt lebten. Sie hatte nur ihr Hündchen und ich- ja, ich hatte nichts, nur mich selbst.

Von nun an trafen wir uns fast jeden Tag. Die Sonne stieg höher, die Tage wurden länger. Der Schnee schmolz und Frühjahrsahnen lag in der Luft. Unsere Begegnungen wurden so selbstverständlich, dass selbst der dickste Frühlingsregen sie nicht verhindern konnte.

Fast über Nacht wurde alles grün. Krokusse brachen durch die Wiesen, bald folgten Märzbecher und Tulpen. Nicht lang, dann sprangen auch die Blütenknospen an Sträuchern und Bäumen.

Nun saßen wir oft auf einer Bank vor dem kleinen See und sahen den stolzen Schwänen nach.
Wir sprachen miteinander, lachten miteinander und konnten auch miteinander schweigen.

Der Sommer kam und es war fast unvorstellbar, dass diese Begegnungen ein Ende haben könnten. Und doch. Eines Tages eröffnete sie mir, dass sie für einige Zeit verreisen müsse. Nach Ihrer Rückkehr aber würde es sein wie bisher. Sie nannte mir den Tag ihrer Abreise.

Ich brachte sie zum Zug. Es ist schon ein sonderbares Gefühl, das Abschiednehmen. Obwohl man es im Leben so oft tun musste, es beschleicht den Menschen jedes Mal aufs Neue. Umso schöner das Wiedersehen, tröstete ich mich.

„Gute Reise und auf baldiges Wiedersehen“, wünschte ich ihr und verabschiedete sie mit einem langen, festen Händedruck.
„Auf bald“, sagte sie und blickte mich ein wenig traurig an. Vielleicht bildete ich es mir auch nur ein. Dann fuhr der Zug an und ich winkte ihr lange nach. Ein weißes Tuch aus dem Abteilfenster flatterte im Fahrtwind, ein letzter Gruß. Dann verschlang auch dies die Ferne. Längst hatte der Zug die Halle verlassen, als ich mich umdrehte und nach Hause schlenderte.

Nun ging ich allein unsere Wege durch den Park. Allein, und doch, sie ging neben mir. Trotzdem fehlte mir etwas. Schleppend vergingen die Tage. Bald aber würden wir uns wiedersehen und alles wird sein wie es war.

Der Tag des Wiedersehens war gekommen. Lange vor der Zeit stand ich am vereinbarten Treffpunkt. Stunde um Stunde verrann. Sie kam nicht. Hatte ich mich, voller Ungeduld, im Datum vertan?

Ich sah auf die Uhr. Nein, das Datum stimmte, die Uhrzeit stimmte und auch der Ort des Treffens war richtig. Ich tröstete mich, irgendwelche Umstände hatten die Abreise verzögert. Aber Morgen.

Anderen Tags, zur gleichen Stunde, wartete ich wieder. Vergebens, sie kam nicht. So ging es einige Tage. Ein Gefühl schlich sich bei mir ein, ein bedrückendes. Ich werde sie wohl nie mehr wiedersehen.

Der Sommer ging zu Ende. Das Laub fiel von den Bäumen und es raschelte bei jedem Schritt. Der erste Schnee fiel. Jetzt erst rang sich bei mir die Gewissheit durch, dass ich sie nie mehr sehen würde. Bei aller Hoffnung musste ich meine Wege nun doch wieder allein gehen.

Ein klarer Wintermorgen, wie damals. Auch heute knirschte der Schnee unter den Sohlen. Wieder ging ich gedankenverloren, die Hände tief in den Taschen, die vertrauten Wege. Jeder Schritt, ein Stück Erinnerung.

Plötzlich durchzuckte es mich wie ein Blitz freudigen Erschreckens. Ein Hündchen sprang um meine Füße, Ihr Hündchen. Ich blickte auf, da sah ich sie. Da kam sie, wie am Tag unserer ersten Begegnung. Doch – sie war nicht allein. In ihrer Begleitung war ein Mann. Sie sagte ein paar Worte zu Ihm, er nickte und dann kam sie auf mich zu.

„Du darfst mir, bitte, nicht böse sein.“ (Wie hätte ich das je gekonnt.) „Jetzt bin ich erst zurückgekommen von jener Reise, die nur ein paar Wochen dauern sollte und…“, sie stockte ein wenig, dann sprach sie hastig weiter, „in ein paar Tagen fahre ich wieder dorthin. Wie gern hätte ich es Dich früher wissen lassen, doch für Dich und mich waren unsere Adressen dieser Park. Eine andere kannten wir nicht.“
Es stimmte. Erst jetzt wurde mir dies richtig bewusst. Ich sah ihr, wie damals, fest in die Augen. Aus ihnen strahlte das Glück. Nie mehr würde sie allein sein.

„Ich sehe Dein Glück“, schwer wurde meine Zunge, „und ich wünsche Dir, dass es Dich nie mehr verlässt. Es waren schöne Stunden, die Du mir schenktest. Ich danke Dir dafür.“

„Auch für mich waren es schöne Stunden, für die ich Dir ebenso danke.“ Sie zögerte ein wenig, sah zu ihrem Hund hinunter, dann fuhr sie fort. „Nimm als Andenken an mich meinen kleinen Hund. Du hattest ihn immer so gern und sieh, wie er Dich mag.“

Ich zögerte. Sollte ich? Gewiss, gerne hatte ich das Tier. Doch ihr war er in all den einsamen Wochen und Monaten wohl mehr ans Herz gewachsen. Und für mich, was würde er bedeuten? Geselligkeit? Ein Andenken? Dieses Andenken brächte doch nur Traurigkeit über Vergangenes mit sich.

„Es wäre nicht gut, weder für Dich noch für mich.“ Sie hatte verstanden, was mich bewegte. „Ich danke Dir für dieses Angebot. Nochmals alles, alles Gute und viel Glück.“
Noch einmal drückte ich fest ihre Hand, winkte ihrem Begleiter zu und wandte mich um.

Nun war ich wieder allein. Doch ich nahm etwas mit. Die Erinnerung an eine kurze, aber schöne Zeit. Die aber, stimmt nicht traurig.

GeJo, September 1989

Die Nacht

Der Tiefe des Sees entsteigt die Nacht. Am Ufer verharrend schaut sie ihrem Bruder nach, dem schwindenden Tag. Seine Begleiterin, die Sonne, ging ihm voraus. Jetzt, ein weinig gebeugt von der heutigen Last, folgt er ihr.

Langsam öffnet die Nacht das silberne Band ihres Schleiers. Ein leichter Hauch bläht ihn auf und er hüllt die Erde in Dunkelheit. Nun wirft die Nacht das silberne Band ihres Schleiers empor. Tausendfach teilt es sich und hell funkeln und blitzen die Sterne am nächtlichen Firmament. Am Rande des Schleiers taucht nun in goldenem Glanz ihr ständiger Begleiter auf, der Mond.

„Komm lass uns sehen, ob alles meinem Ruf gefolgt und nun ruht“, sagte sie zu ihm. Im Licht des Mondes schreitet sie ins Land. Da hält sie verwundert ein. Ein Gemurmel dringt an ihr Ohr. Sie steht an einem eilig rinnenden Bach. „Weißt Du das nicht?" So fragt sie den Bach. „Wenn ich komme, hat alles zu ruhen." „Ich darf nicht ruhen", antwortete dieser. „Meine Wasser müssen ständig fließen. Sie dienen auch einer ruhenden Welt." „Doch alles andere ruht", meint die Nacht. „Geh nur da hinauf, wo ich herkomme. Du wirst es schon sehen", murmelte der Bach.

So führt ihr Weg sie weiter. Da, regte sich da nicht etwas dicht an jenem Gebüsch? „Leucht einmal hin damit ich es erkennen kann", ruft sie dem Mond zu. Da sieht sie es. Zwei Menschen, in liebevoller Umarmung sind es. Geflüster der Liebe dringt an ihr Ohr. „Schau schnell wieder weg, du Narr. Da störst Du nur. Hier bin ich nicht zum Ruhe geben gekommen."

Musik vernimmt sie nun. Sie geht darauf zu. Am Rande einer hell erleuchteten Wiese bleibt sie stehen. Gedeckte Tische, funkelnder Wein in den Gläsern laden zum Male und zum Umtrunk ein. Fröhliche Menschen wiegen sich im Tanz zum Klang der Musik. In der Mitte Braut und Bräutigam. Ein wenig schaut die Nacht dem munteren Treiben zu und denkt: „Hochzeit, hohe Zeit, eine Zeit zur Freude, nicht zum Ruhen.“

Weiter führt sie ihr Weg. Dort ein Haus. Die Fenster hell erleuchtet. „Komm, schauen wir dort einmal hinein.“ Eine Frau in ihrem Bett. Stöhnend und wimmernd wälzt sie sich im Schmerz. Hilfsbereite Hände greifen nach ihr. Plötzlich, ein heher, spitzer Schrei. Dann Stille. Doch nein, lautes Krähen erfüllt den Raum. Ein neuer Erdenbürger. Ein Blick zu der jungen Mutter. Ein glückliches Lächeln verschönt das eben noch schmerzverzerrte Gesicht. „Was gibt es da zu sehen?“ fragt ihr Begleiter. „Sei nicht so neugierig. Leuchte mir den Weg. Nein, nicht dahin. Zu jenen Geräuschen. Hörst Du sie denn nicht?“

Unter dem Dach, im trüben Schein einer Laterne steht ein Mann und spaltet Holz. „Kannst Du denn nicht auch ruhen, wenn ich die Welt in meinen Schleier hülle?“ So fragt ihn die Nacht. „Es wäre schön, könnte ich es“, erwidert er. „Doch noch bevor Dein Bruder, der Tag, kommt muss ich Frau und Kinder verlassen und meinem Erwerb nachgehen. Danach ruhe ich in der Zeit, in der Dein Bruder noch wirkt. Mit seinem Scheiden erhebe ich mich zu meinen Arbeiten hier im Haus. Sind diese getan, dann erst kann ich Deinem Ruf folgen.“

Noch nachdenklich von diesen Worten ruft sie ihren Begleiter. „Siehst Du dort in dem dunklen Fenster die Gestalt? Führe mich hin.“ Ein alter Mann lehnt im Fenster und schaut ihr entgegen.

„Warum sag mir, ruhst Du nicht in stärkendem Schlaf?“ „Das hier ist meine Ruhe. Ich sehe Dich kommen, sehe Deine Begleiter, die Sterne Deines Silberbands und ich sehe Dich gehen. Dann naht Dein Bruder. Seine Begleiterin grüßt mich mit wärmendem Strahl.“ „Willst Du so Dein Leben verbringen?“ So fragte sie ihn. „Wie lange“, spricht er, „werde ich euch noch sehen können. Bald werde ich in ewiger Dunkelheit sein. In einer Dunkelheit in der auch Du keine Rechte hast.“ „Eine Dunkelheit in der ich keine Rechte habe?“ Begehrt sie zu wissen. „Schau dort drüben in jenes Fenster. Du wirst es erleben“, ist die Antwort.

Sie geht hinüber und schaut hinein. Eine alte Frau auf ihrem Lager. Still, mit weit geöffneten Augen schaut sie eine junge Frau an, die neben ihr sitzt. Jetzt bewegt sie die Lippen. Sie will etwas sagen. Doch nur ein langer, tiefer

Seufzer entringt sich ihrer Brust. Dann neigt sie den Kopf zu Seite. Die junge Frau erhebt sich und gleitet mit leichter Hand über das Gesicht der Alten. Ihre Augen bleiben geschlossen, als sich die Hand der Jungen von ihrem Gesicht entfernt. Das Licht erlischt. Jene andere Dunkelheit hat Einkehr gehalten.

Versonnen wendet sie sich ab. „Geh nach Haus, es wird Zeit," sagt sie zu ihrem Begleiter. Dann geht sie den Weg zurück zum See. Wieder steht sie am Ufer des Baches. „Nun hast Du gesehen, nicht alles Leben ruht, wenn Du kommst." Sie hörte die Frage des murmelnden Wassers. „Ja, ich habe es gesehen. Von nun an werde ich es mir öfter ansehen." Sie geht.

Wieder steht sie am Rande des Sees. Sie sammelt die Sterne und knüpft das silberne Band. Dann rafft sie ihren Schleier und verknotet ihn mit dem geknüpften Band. Lächelnd und frisch kommt ihr Bruder auf sie zu. Am Horizont schickt sich die Sonne an ihn zu begleiten. Stumm winkt die Nacht ihm zu und schreitet durch die sich teilenden Wasser in die Tiefe des Sees.

GeJo, Juni 1981

Mein Schmetterling

Der Sommertag hatte seine volle Pracht entfaltet. Fröhlich zog ich durch den Wald. Stille ringsum. Kein Vogellaut. Von fern verklang das Mittagsläuten aus dem Dorf.

Da öffnete sich der Wald zu einer sonnenüberfluteten, bunten Wiese. Einladend zur Mittagsruhe lag sie vor mir. Gedacht, getan. Weit streckte ich die müden Glieder von mir. Kein Lüftchen regte sich. Bald lag ich tief in Morpheus Armen.

Ein leiser Luftzug weckte mich. Erstaunt blickte ich mich um. Nichts war zu sehen. Kein noch so leiser Wind war aufgekommen. Ich ließ mich zurücksinken und schloss die Augen. Da, wieder dieser leichte Hauch. Doch da vernahm ich ein kleines, leises Stimmchen: „Du Nichtsnutz, wache endlich auf.“

Erstaunt öffnete ich die Augen. Nichts – doch, ein bunter, schillernder Schmetterling tanzte aufgeregt vor meinem Gesicht. „Hast Du mich gerufen?“
„Natürlich habe ich Dich gerufen. Du hörst wohl schwer.“
„Entschuldige schon. Aber sei nicht so aufgeregt. Lass mich lieber schlafen.“
„Kommt nicht in Frage. Mach endlich die Augen auf. Ich muss mit Dir reden.“
„Nun gut. Aber wenn Du mit mir reden willst, dann setze Dich erst einmal.“

Ich streckte ihm meine Hand entgegen. Er ließ sich auf einem Finger nieder.
„Siehst Du“, sagte ich, „jetzt geht es doch besser. Aber was willst Du von mir?“
„Das fragst Du noch? Was machst Du hier in meinem Reich?“ fragte das piepsige Stimmchen.

„In Deinem Reich? Aber das hier gehört doch allen. Mit welchem Recht behauptest Du, es wäre Dein Reich?"
„Mit welchem Recht, mit welchem Recht! Ihr Menschen sprecht nur immer von Recht." Die Stimme klang verärgert. „Ihr meint doch das Recht des Stärkeren."

Ich war verwundert. Stumm sah er mich an. Seine Flügel wippten. Seine Fühler tasteten nach meinem Gesicht.

„Hm, wenn ich Dich so ansehe, ich meine Du folgst meinem Wunsch und gehst aus meinem Reich, ob mit oder ohne Recht."

Ehe ich antworten konnte, vernahm ich das tiefe Gebrumm einer Hummel. Ich sah mich um. Die kam direkt auf uns zu. Hui, aufgeregt stob mein stolzer Schmetterling davon.
Die Hummel kreiste um meinen Kopf. Ich hörte ihren tiefen Bass:

„Was ist der Kerl ängstlich. Ich will doch nur von dem Nektar dieser Blüten schlürfen und er fliegt davon."

Ehe ich etwas entgegnen konnte, zog die Hummel brummend davon und tauchte in den Kelch einer Blüte.

Da war er wieder, mein kleiner, bunter Schmetterling. Ich musste nun herzhaft lachen.
„Na hör einmal. Du bist mir ja ein schöner Besitzer dieses Reichs. Fliehst vor einer Hummel anstatt Deinen Besitz zu wahren."
„Ich geflohen?" Entrüstung schwang in seiner Stimme. „Geflohen bin ich nicht. Doch diesen entsetzlichen Lärm kann ich einfach nicht ertragen. Mir platzt schier das Trommelfell. Auch Du solltest nicht so laut sein."
„Schon gut, schon gut." Ich senkte meine Stimme zum Flüsterton: „Lässt Du mich endlich schlafen? Ich störe Dich doch nicht."

„Steh endlich auf, Du Faulpelz. Ich muss doch wieder meine Arbeit verrichten."
„Also gut, Du sollst Deinen Willen haben. Gibst ja sonst doch keine Ruhe."
Langsam erhob ich mich von meinem Platz. Da ging es aufgeregt los:
„Da, sieh Dir das an. Alles hast Du niedergedrückt. Jetzt muss der Tau des Morgens erst Gras und Blumen wieder aufrichten. Dann muss ich extra hier zurückkommen, um dieses Stück zu bearbeiten. Das kostet Zeit und die habe ich nicht mehr viel."
„Das tut mir leid. Aber dann will ich jetzt gehen. Tschüss."
„Nix tschüss. Ich begleite Dich bis der Wald beginnt."

Ich stakste langsam auf den Saum des Waldes zu um so wenig wie möglich niederzutreten.
„So ist es gut. Ich sehe, Du hast mich verstanden," piepste das zufrieden klingende Stimmchen neben mir.

Bei den ersten Bäumen angekommen blieb ich stehen. Er flatterte vor meinem Gesicht.
„Ja, dann muss ich wohl Auf Wiedersehen sagen“, sagte ich zu ihm.
„Auf Wiedersehen? Weißt Du, das ist nicht das richtige Wort. Siehst Du, wiedersehen werden wir uns wohl nie mehr. Sag einfach Servus.“
Er flatterte davon. „Servus“, rief ich ihm nach. Doch er war schon weg. Meine Blicke folgten ihm. Von Blume zu Blume ging sein Flug. Hier länger verweilend, dort nur einen kurzen Augenblick. Manchmal schien es mir, als winke er noch einmal zu mir herüber. Dann war er entschwunden.

Ich drehte mich um und ging gedankenverloren in den Wald. Sein Reich, seine Aufgabe. Wenn sie erfüllt war, war er nicht mehr. Was sagte er? „Sag lieber Servus“. Ein kleines Liedchen fiel mir ein. Ich summte vor mich hin:

„Sag beim Abschied leise Servus.
Nicht lebwohl und nicht adieu;
Diese Worte tun nur weh.
Doch das kleine Wörtchen Servus
Ist ein lieber letzter Gruß.
Wenn man Abschied nehmen muss.“

Ich stockte. Stimmt das denn überhaupt? Nein, lieben Menschen rufe ich doch ein auf Wiedersehen zu.

GeJo, 31.04.1981

Friedensappell

Ein Jahr lang ging ich durch die Felder. Die Saat ersproß. Sie wuchs heran. Und Regen, Wind und Sonne ließ reifen sie zur Frucht. Es war die Regel. Die Regel der Natur.

Das Jahr, es nahte sich dem Ende. Der Landmann kam und fuhr sie ein. Die Frucht in seine Scheuer, damit der Mensch von lebe. Auch das ist die Regel. Die Regel der Natur.

Ein Jahr lang ging ich durch die Wälder. Ihr grün brach auf, es wuchs der Blüten Pracht. Vielfältig kam die Frucht, zur Atz der Kreatur. Es war die Regel. Die Regel der Natur.

Ein Jahr lang ging ich zu den Menschen. Ich wollte sehen, ob hier auch gilt. Was dort die Regel. Die Regel der Natur.

Da wird ein Mensch geboren. Wuchs auf, vermehrt sich und starb. Auch das, das war die Regel. Die Regel der Natur.

Das war ein Jahr der Menschen. Es stand und fiel mit ihm. Doch wo lag seine Regel? Die Regel menschlicher Natur?

So ging ich zu den Menschen in den Städten. Sie eilten und hasteten aneinander vorbei. Einen hielt ich an und fragte: „Hast Du ein wenig Zeit für mich?“
„Nein, lass mich. Ich muss zur Arbeit. Muss mein Geld verdienen. Ich muss doch leben, ich und die meinen.“ Er eilte fort. Versuche es noch einmal, so dachte ich, den nächsten sprach ich an: „Sag, kennst Du den und den? Er ist Dein Nachbar.“ „Nein, nie gehört davon. Doch was kümmert es mich. Mein Nachbar bin ich selbst.“ Auch er entfernte sich eiligen Schrittes.

Eine Fußgängerzone. Geschäfte, hastende, eilende Menschen die ihren Obolus dem Markt entrichten. Doch auch Ruhezonen. Bänke standen da. Eine junge Mutter mit ihrem Kind. „Es ist doch schön in diesem Trubel Ruhe zu finden und sich dem Kind zu widmen.," sprach ich sie an.

„Gewiss," antwortete sie, „diese stunden lasse ich mir nicht nehmen. Ich weiß es nicht, aber dieses Leben um mich gibt mir etwas. Sehen Sie, mein Mann kommt erst am Abend nach Haus. Dann rufen mich die Pflichten."

„Das verstehe ich durchaus. Doch Sie sind allein, obwohl Gleiches überall sich bietet.", antwortete ich. „Das glaub ich schon. Doch um das festzustellen, fehlt mir die Zeit."

Ich ging davon. Nur ein paar Schritte weiter, das gleiche Bild. Die gleiche Frage wäre müßig.

Ein naher Park versprach mir Ruhe. Am Eingang stand ein Monument. Der „Berliner Bär“. Blutig rote Farbe krönte sein Haupt. Blut? Warum denn das? Blut, menschliches Blut ist doch schon genug geflossen. Dank aller „gekrönten Häupter“. Blut ist doch schon genug geflossen im Wahn einiger weniger. Ruhe wollt ich finden. Blut steht am Eingang. Ich stand davor. Jemand gesellte sich hinzu.

„Ich verstehe es nicht, dass der Mensch nicht lernen will, was seine Geschichte so evolutionär ihm sagt. Immer stellen, nur einige, das Freund-Feind-Bild in den Raum. Es kommt an. West und Ost, Rechts und Links. Und wenn nichts mehr hilft, fremde Wesen aus dem All“´, sprach er mit mir. So und nicht anders gebraucht der Mensch seinen Geist. Er glaubt, er beherrsche das Atom. Davon wollen ihn ja, aus Gründen die zu ermitteln er sich zur Aufgabe machen sollte, viele überzeugen. Aus meiner Sicht beherrscht das Atom heute den Menschen. Das braucht nicht zu sein. „Sicher“, bestätigte er mir. Es beginnt ja schon damit, dass die Reichen immer reicher werden und den Armen die Angst ihrer Existenz aufzudrücken. Die Schuldfrage? Jeder zeigt mit dem Finger auf den anderen.

Am Abend nahm ich mir die Bibel vor. Sie müsste doch Auskunft geben. Da stand, „zum Bilde Gottes schuf ich ihn“. Wen? Den Menschen? Ist das das Abbild Gottes? Weiter habe ich gelesen. Da steht, „des Menschen Trachten ist böse von Jugend auf.“ Wie das? Ist der Mensch das Abbild eines Gottes? Dann wäre es traurig um ihn bestellt. Ich fragte mich, ob es denn keinen Ausweg gäbe. Es gibt ihn. Durch die Genese von Äonen entwickelte sich der Geist des Menschen. Mache Gebrauch von ihm. Komme heraus aus dem befehligten Denken.

Und so entsteht das Manifest des Menschen. Heute lebst du in einer Welt der Angst. Warum? Öffne deinen Verstand. Wer, wer lehrt dich die Angst? Ich begegnete dem Stahlarbeiter des Ostens. Was wollte er? Leben. Ich begegnete dem Stahlarbeiter des Westens. Was wollte er? Leben. Dann traf ich den Bergmann aus Kattowitz. Ich fragte ihn nach dem Feind. „Mein Feind? Das ist noch nicht einmal der Berg. Ich koaliere mit ihm. Menschliche Feinde? Die dringt man uns doch nur auf. Frag doch den Kumpel in Oberhausen." Ich fragte ihn. „Hör doch auf mit dem Zeugs. Ich mache meine Arbeit, will mein Geld und will leben.

Gut, der Wille ist vorhanden. Der Wille in Frieden mit aller Welt zu leben.

Doch, nur einige wenige sind es die glauben. Und diese uns glauben machen zu wollen. Ist das das Produkt des Geistes? Aus Äonen entstanden?

Es ist doch Schizophrenie zu glauben (und glauben heißt nicht wissen) das mein Atom dem Anderen Vernichtung bringt. Sollte der Geist nicht fragen, warum Vernichtung des Geistes?

Ich traf den Stahlarbeiter aus dem Osten. Ich traf den Kumpel aus dem Osten. Ich traf den Stahlarbeiter aus dem Westen. Ich traf den Kumpel aus dem Westen. Sie alle wollten Leben. In Freiheit und Frieden.

Doch wer bestimmt ihr Leben? Der Mensch selbst? Er wird geschoben von einigen wenigen. Er will es oder nicht.

Mensch, besinne Dich deines Geistes. Steh auf, bestimme Dein Leben selbst. Fege hinweg die Angst vor den Neutronen. Fege hinweg die Menschen, die es Dir glauben machen wollen.

Und so rufe ich auf: Für eine ganze Menschheit kann es Frieden geben.

Frieden, der Natur bedingt. Nicht Angst darf menschlichem Leben gegeben sein. Nein, Frieden heißt: Mensch benutze Deinen Geist. Steh dem bei, der Deine Hilfe braucht. Ob Ost, ob West, ob Nord, ob Süd. Überall leben Menschen, Menschen wie Du und ich.

„Macht euch die Erde untertan." Sagt die Bibel. Gut nehmen wir sie an. Sie spricht nicht davon, dass wir sie uns vernichten.

Ein langer Weg war es durch die menschliche Natur. Du lebst und willst auch weiterleben. Mit Dir, nicht Du allein. Gebrauch den Geist und feg hinweg, was widerlich dem Sein.

GeJo, 10.10.1981

Ein Lebenslauf

Ein Jahr - ein Leben.
Das Jahr - vier Viertel.
Frühling, Sommer, Herbst und Winter.

Jedes Viertel - drei Monate.
Jeder Monat - ein Begriff.
Träume, Wünsche, Pflichten.

Jeder Monat - viele Tage.
Tage gleichen Phasen.
Ihr Ablauf ist oft parallel, doch meist der eine schneller als der andere.

Der Frühling hat der Träume viel und auch der Wünsche. Der Pflichten nur geringe Zahl.

Im Sommer meist die drei gleich lang wohl sind.
Schnell schwinden Träume, auch Wünsche gehen viel dahin. Doch Pflichten bleiben, noch für den Herbst.

Im Herbst jedoch, der Träume wenig sind. Der Wünsche Zahl, ein wenig mehr. Doch auch die Pflichten sind geringer.

Wenn alles nun vergangen, der Winter folgt. Doch nicht Begriffe ihn noch teilen. Ein absolut ganzes bleibt er für alle Zeit.

Hier ist mein Herbst. Die Träume sind vergangen. Der Wünsche wenig nur geblieben sind. Doch werd auch diese ich sehr bald schon streichen.

So bleiben noch der Pflichten einige. Sind sie erfüllt, so mag der Winter kommen. Muss warten ich dann noch auf ihn? Ein Sinn gäb das wohl nicht. Sollt ich ihm dann entgegengehen?

GeJo, Pfingsten 1982

Wahrheit

Schau doch der Wahrheit ins Gesicht. Wie? Du traust Dich so was nicht? Was kann sie Sir schon sagen? Doch nur was in vergangenen Tagen Gewissheit geworden ist.

Willst wissen was die Wahrheit ist, da Du noch voller Hoffnung bist? Und meinst, die Wahrheit könnt Dir rauben all Deiner Hoffnung Glauben. Ist es denn wirklich so?

Wahrheit aus vergangenen Tagen, löst keineswegs all Deine Fragen. Für nächst und ferne Zukunft Dir, auch wenn Du meinest, hier nur mit Vernunft sie anzuwenden.

So glaubt nicht, dass vergangene Wahrheit, Dir hat gebracht die volle Klarheit, für alle künftige Zeit. Noch ist diese ja so weit, kann neue Wahrheit bringen.

Schau hin! Es ist ein unabwendbar Lauf, gibst Du einmal die Hoffnung auf. Sagst anders auch die Wahrheit heut und nimmst am Leben Dir die Freud, gibst Du dich selber auf.

Lass Dir in Deines Lebens Glauben, niemals die ganze Hoffnung rauben. Denk, Wahrheit wandelbar auch ist und Du eines Tages bist, des Lebensglücks verbunden.

GeJo, Januar 1982

Hass-Liebe

In Deinem Hass und Ekel vor mir, riefst Du mich.
In Deinem Hass und Ekel vor mir, kam ich zu Dir.
In Deinem Hass und Ekel vor mir, ließt Du mich Tage bei Dir.
In Deinem Hass und Ekel vor mir, duldetest Du mich.
Worauf, so basiert Dein Hass und Ekel gegen mich? Du riefst mich doch.
Nicht althergebracht ist diese Aversion gegen mich. Woher kam sie plötzlich?
Nun, es wäre gut zu wissen, was unsere Bindung ist und war in jener, doch so schönen Zeit.
Ein Jahr, es ging vorüber. Ein Jahr voll Hoch und Tief. Das Jahr, es endete mit einem Tief.
Das Jahrestief, es brachte Stürme. Doch Stürme flauen ab.
Noch eines ist zu sagen. Hass und Liebe, es ist der gleiche Zweig.

Und nur der Gärtner, der große Gärtner, kann unterscheiden was dürr.
Der große Gärtner. Welche Teile des Zweiges wird er wohl entfernen?
Ihm sich zu fügen ist Gebot der Stunde.
Wo aber ist diese Stunde?

GeJo, Januar 1982

Freundesabschied

Es schwindet die Zeit und mit ihr das Leben. Freud und Leid hats immer gegeben.
Leid war vergessen, doch Freud hat Bestand. Wer kann ermessen, der Freundschaft Band?
Jetzt ists zerrissen, es liegt nun im Staube. Doch eins sollst Du wissen, es bleibt mir ein Glaube.
Freundschaft währt immer, ist sie auch weit. Bleibt der Erinnerung Schimmer, an eine schöne Zeit.

GeJo, Dezember 1981

Vor der Tür, hinter der Tür

Samstag, gegen Mittag. Eingefangen von den täglichen Pflichten, vielleicht ein wenig überhastet, verrichte ich meine Arbeiten. Von der Natur mit Ungeduld bedacht, erfasst mich bei jeder Störung Unwillen. Wie anders könnte es also sein, es schellt an der Tür. „Verdammt," entfährt es mir. Doch ich öffne.

Vor der Tür steht ein Mann. Schwer zu schätzendes Alter. Vielleich Mitte bis Ende siebzig. Eine etwas massige Figur. Graues, schütteres Haar. Groß, doch gebeugt, sich ein weinig am Türrahmen festhaltend. Er macht einen sauberen, und wie heißt es so schön, „ordentlichen" Eindruck.
„Entschuldigen Sie, hätten Sie nicht eine Kleinigkeit für mich? Es kann auch ein Stück Brot sein."

Da werde ich mir meiner abschätzenden Blicke bewusst. Ich sehe ihm in die Augen. Ein wenig schäme ich mich. Ein leises, verstehendes Lächeln liegt um seinen Mund. Vermutlich sind ihm derartige abschätzende Blicke nicht fremd. Meine Verlegenheit wächst und ich nestle hastig mein Portemonnaie hervor, um ihm eine Kleinigkeit in die Hand zu drücken. Er hält meine Hand etwas kraftlos fest als läge ihm nicht viel an dem Geld und fragte zaghaft:
„Meinen Sie, ich kann mich draußen etwas auf die Bank setzen? Die Beine, wissen Sie, die wollen nicht mehr so recht. Und dann die Leute."

Aufatmend schließe ich die Tür als er geht.
„Du hast versagt. Hast ganz erbärmlich versagt," musste ich doch feststellen. „Wolltest Du so Dein Gewissen freikaufen?" Es gibt kein derartiges „Freikaufen". Gäbe es das, gäbe es

keine Gedanken nach dieser Begegnung.

Was bedeutet jetzt die Hast der täglichen Verrichtungen? Und er war müde. Eine Tasse heißen Kaffee, ein Butterbrot. Mir Zeit für ihn genommen, ihm Zeit zum Ausruhen gegeben. Was aber vielleicht noch mehr bedeutet, er hätte die Bedeutung mitgenommen, Mensch unter Menschen zu sein.

Warum geht er von Tür zu Tür? Hat er denn so etwas nötig? Und, warum hielt er meine Hand?

Wir leben doch in einem sozialen Staat. Niemand wird in ihm verhungern müssen. Wie leben auch in einem freien Staat. War das eine Freiheit, die sich dieser Mensch nahm? Und wenn, es hat schon mal jemand gesagt, er lebe in einem freien Staat in dem jeder, ob arm oder reich, unter den Brücken schlafe, und so weiter, und so fort. Wie gesagt, vielleicht auch eine der Freiheiten von heute. Und der soziale Staat? Noch nie hatten wir einen derartigen. Gewiss, es bestreitet auch niemand. Doch worin liegt die Beweisführung für diese Behauptung? In der Summe der Sozialausgaben des Staates gemessen am Bruttosozialprodukt? Also eine mathematische Beweisführung deren Unfehlbarkeit wohl umstritten ist. (Wie ja auch die gesamte mathematische Planung unseres Lebens). Es kann demnach jeder bei uns leben, ohne vor der Tür zu stehen. Wer dennoch davor steht hat selbst die Schuld.

Das klingt wie ein Abwälzen der eigenen Schuld des Versagens auf die Allgemeinheit. Überhaupt Schuld. Was sagt Christus? „Wer unter Euch ohne Schuld ist, werfe den ersten Stein." Wie nun, wenn jener almosenheischende Mensch vor der Tür in der Gabe den Menschen suchte? Dann habe ich wohl mit dem „Freikaufen" den ersten Stein geworfen. Dann habe ich, der ich immer behaupte, ich nähme den Menschen an wie er ist, mich selbst der Lüge überführt.

Ich schaue aus dem Fenster und sehe ihn sitzen. Seine Haltung drückt Müdigkeit aus. Argwöhnische Blicke der Vorübergehenden treffen ihn. Er spürt sie wohl, denn nun erhebt er sich und geht mit schleppenden Schritten davon. War es nur Müdigkeit, die ihn zum Sitzen zwang? Oder wartete er darauf hinter einer jener Türen ein wenig Geborgenheit und Wärme zu spüren, auch wenn es nur für Augenblicke wäre.

Heute stand er vor der Türe. Wer wird es morgen sein?

Er? Du? Ich?

GeJo, Juli 1981

Käfige

Ein Mensch hebt die Augen und sieht sich um. Erstaunt stellt er fest, dass ihn die Gitterstäbe eines Käfigs umgeben. Er stellt weiter fest, sein Käfig steht in einem großen Käfig, in dem viele dieser kleinen stehen. Er fragt sich wie er und wie all die anderen in diese Käfige gekommen sein könnten. In einer Rückschau versucht er an sich dies zu ermitteln. Am Ende dieser Rückschau stellt er fest, sein Ursprung liegt bereits in ihm, dem Käfig. Förmlich drängt sich ihm die Frage auf, ob auch sein Ende hier liegen wird. Sich gegen eine Bestätigung zu wehren, versucht er die Türe zu öffnen. Siehe da, sie geht auf. Zögernd tritt er ein paar Schritte hinaus. Er bleibt stehen und sieht sich um. Auch anderorts sieht er geöffnete Käfigtüren. Auch da der Versuch zaghafter Schritte. Doch kehren alle um und gehen wieder in ihre Käfige zurück. Viele schließen die Türen, andere lassen sie offen. Einige wenige kehren nicht mehr in den Käfig zurück. Der Mensch sieht sie suchen. Suchen wonach? Nach dem Tor des großen Käfigs?

Der Mensch schaut zu seinem Käfig zurück. Eine magische Anziehungskraft geht von diesem aus. Der Mensch kehrt in seinen Käfig zurück. Er sieht sich nun genauer an was ihn umgibt. Die Stäbe des Käfigs sind beschriftet und er liest: Erziehung, Schule, Kirche, Glaube, Moral, Gehorsam, Pflicht, Arbeit…, er mag nicht mehr weiterlesen. Er fühlt sich eingeengt und fragt, ob dies alles den Menschen ausmacht. Die Summe dieser Begriffe allein kann doch nicht den Menschen ausmachen.

Plötzlich greift er in die Stäbe und zerbricht sie. Unbeeindruckt von dieser Zerstörung macht er sich auf die Suche nach Menschen die gleich ihm sich aus diesen zwängen, oder aber einem Teil davon lösen möchten. Mancher begleitet ihn ein Stück des Weges. Doch ängstlich, nach Anderen schauend, kehren sie alle um. Ist es doch nicht der richtige Weg? Dies zu ermitteln, sucht er Einlass in einen anderen Käfig. Er wird ihm gewährt. Doch der Wunsch des Bleibens wird ihm versagt. So geht er zurück zu den Trümmern seines Käfigs. Nachdenklich steht er nun davor. Aus diesen Trümmern ließe sich der Käfig wieder errichten. Sollte er es tun? Nein, welcher Sinn läge darin sich wieder all diesen Zwängen zu unterwerfen. So geht der Mensch hin und zündet diese Trümmer an. Die Flammen wärmen. Doch dann sind sie niedergebrannt. Ihm fröstelt. Nun ist er allein.

Er macht sich auf, das Tor des Großen Käfigs zu suchen. Immer wieder tastet sein Blick die kleinen Käfige auf diesem Weg ab. Vielleicht, so denkt er, vielleicht gibt es doch unter all diesen, einen der mit dir geht. Vielleicht aber einen der dich einlässt und sich gemeinsamen Zwängen unterwirft, die dann doch wohl leichter sein müssen, zumal sie der Regel entsprächen. Da steht er vor dem Tor des großen Käfigs. Er sieht hinaus. Er versucht etwas zu erkennen. Doch vergeblich. Er blickt in ein nichts. Sind alle, die durch dieses Tor gingen, nicht mehr zurückgekommen? Ist das der Weg zur großen Freiheit? Er kann sich noch nicht zu diesem Schritt durch das große Tor entschließen. Er lehnt an den Pfosten und blickt zurück in die Fülle der kleinen Käfige. Er wartet, wartet ob irgendwoher der Wink kommt zurückzukommen. Wie lange wird er warten? Wird er vergeblich warten? Wird er überhaupt zurückwollen? Oder wann wird er den Weg durch das große Tor nehmen?

GeJo, Juli 1981

Oktober-Impressionen

Fahl dämmert der Morgen herauf. Nebelschwaden wallen durch die Straßen. Vereinzelt flammen Lichter in den Fenstern der Häuser auf. Nur wenige sind es. Noch schläft das Eilen und Hasten des Alltags, denn es ist Sonntag. Sonntag, Sonnentag? Nur eine bleiche Sonne erhebt sich im Osten über den Horizont. Kraftlos scheint es, versucht sie das flutende Grau zu durchdringen. Wind kommt auf. Er spielt mit den Nebeln die des Nachts aus dem nahen Fluss aufgestiegen sind. In bizarren Formen treibt er sie vor sich her.

Da, ein Retter in vollem Galopp, hier steigt eine riesige Krake mit ihren Fangarmen empor. Der Sonne treibt er die Gestalten empor als wolle er ihren schwachen Schein ins nichts ziehen.

Tut – tut – tut, das Nebelhorn eines Schiffes. Fast wird sein Klang aufgesogen. Da, ein dunkler Schatten erhebt sich aus dem Nichts. Ruhig zieht das Boot seinen Weg.

Die Dämmerung weicht. Sich aufbäumend jagt die Sonne ihre Strahlen in das Gebilde des Nebels hinein. Aufgeschreckt jagt er empor und sammelt sich von oben zu weißen Wolken.

Unter ihnen schwirren Vögel und formieren sich zu Keilen. Noch einmal stoßen sie zur Erde hinunter, ziehen hoch und entschwinden gen Süden.

Glockenklang nähert sich dem Ohr. Die nahe Kirche ruft die Gläubigen Gott zu suchen. Menschen kommen aus den Häusern und folgen dem Ruf. Nicht viele sind es. Doch sie suchen die Nähe ihres Gottes. Zum Trost für das Sterben der Natur?

Mit letzter Kraft versucht die Sonne den Zenit zu erreichen. Noch wärmen ihre Strahlen. Doch sie weiß, nun geht sie dem Abend zu. Stille am Fluss. Da, ein Rauschen in der Luft. Eine Schar Graugänse stürzt ins Uferdickicht. Hell aufschreiend jagen Möwen Empor und räumen schimpfend das Feld.
Bis an den Fluss erstreckt sich der Wald. Dunkles Grün der Tannen wird eingefasst vom bunten, welkenden Laub der anderen Bäume. Der Wind reißt daran und treibt es dann, verdorrt, über den Boden. Doch mit dem fallenden Lauberscheinen die reifenden Früchte es Waldes. Da, ein Eichhörnchen. Es springt von Ast zu Ast. Eilig sammelt es seine Nahrung für den Winter. Reiche Frucht bietet der Wald zum Überleben der Kreatur.

Da öffnet sich der Wald und grau und träge zieht der Fluss seine Bahn. Müdigkeit scheint sein Wasser zu beeinträchtigen. Doch er fließt.

Aufgeschreckt flattern Wildenten empor und verkünden lauthals ihre Empörung über die Störung. Pfeilschnell schießt ein Wildreiher aus den Wolken. Triumphierend bringt er einen Fisch in seinem Schnabel empor. Alles wieder Stille. Doch nein, da am Ufer, eine eilige Bewegung. Ein Otter schießt ins Wasser. Ein Griff mit scharfen Zähnen. Seine Mahlzeit ist gesichert. Flussabwärts berührt, vom Lauf des Tages müde geworden, eine rotglühende Sonnenscheibe das Wasser. Größer als die Breite des Flusses ist sie. In ihrem Rot steht ein Hochspannungsmagnet. Auf der anderen Seite stehen die Konturen eines Gasometers. Langsam entschwindet die scheidende Sonne in den Fluten und lässt ihre Wasser noch einmal purpurn aufleuchten. Dann bricht die Nacht herein.

Stärker wir der Wind. Schon treibt er die Ahnung des nahen Winters vor sich her. Wieder wallen die Nebel des Flusses auf und nehmen immer mehr Raum ein. Die Konturen der Brücke über den Fluss erscheinen nur als Schemen. Scheinwerfer der Autos tasten sich darüber. Die weiße Wand verschluckt sie. Sie entschwinden im Nichts.

GeJo, Oktober 1981

Sommertage: Eine märchenhafte Erzählung

von GeJo

Langsam sank die Sonne hinter die in Dunkelheit stehenden Wälder. Von ihren letzten Strahlen umfangen standst Du am Rand des Balkons und ließt Deinen Blick in die Ferne schweifen.

Ein rötlich goldener Schimmer lag auf Deinem Haar. Unbemerkt trat ich hinter Dich und legte meine Arme um Deinen Körper. Du wendetest Dich zu mir. Ganz nah war Dein Gesicht dem meinem. Deine Augen strahlten. „Schön ist es hier. Fast noch schöner als im Winter.“ „Ja Liebes, und es wird gewiss eine schöne Zeit“.

Kurz nach dem Winterurlaub trafen wir uns wieder. Es war ein kalter Winterabend und eisiger Wind pfiff durch die Straßen. Hier in dem kleinen Kaffee merkte man davon nichts. Du saßt mir gegenüber und wir sprachen von den Tagen in unserer Hütte. Irgendwie kam der Gedanke auf, im Sommer wieder an jenen Ort zu fahren. Vielleicht konnten wir zu unserer alten Hütte. Wie diese wohl im Sommer aussehen mochte?

Jetzt war es so weit. Heute am frühen Morgen traten wir die Reise an. Nach all den vergangenen Regentagen begleitete uns ein herrliches Sonnenwetter. Nun waren wir da, hatten das gleiche Haus, das gleiche Zimmer.

Die Nacht war angebrochen, wir lagen im Bett und ich sah in die Nacht.
„Schläfst Du schon, Petra?“ „Ja“, kam es schläfrig zurück. Da mussten wir

doch lachen und lagen uns in den Armen. „Diese Zeit wollen wir voll ausschöpfen." „Ja Petra. Womit wollen wir beginnen?" „Wir sehen uns erst den Ort im Sommer an. Schauen auch in die Ställe und Gärten. Dann machen wir dem Bürgermeister einen Besuch," war Dein Vorschlag. „Gut, der kennt uns gewiss noch vom Winter her. Doch dann Petra, dann suchen wir unsere Hütte." „Einverstanden Gerd. Du, ob die wohl jetzt im Sommer belegt ist?" „Das werden wir erfahren." Wir lagen noch lange still nebeneinander. Doch dann merkte ich an Deinen ruhigen Atemzügen, dass Du eingeschlafen warst.

Das Dorf lag im Schein der Morgensonne. Nur wenige Menschen waren zu sehen. Wir schauten in den ersten Stall. Enttäuscht sahen wir uns an. Der Stall war leer. „Natürlich, das Vieh ist auf der Weide." Ein Kätzchen strich um unsere Füße. Es begleitete uns, als wir unsere Schritte zum Bürgermeisteramt lenkten. „Guten Morgen, Herr Bürgermeister.“ „Guten Morgen“. Er stand auf und schob seine gewichtige Figur hinter dem Schreibtisch hervor. Er reichte uns die Hand. „Ich habe schon gehört, dass sie wieder hier sind. Es freut mich, denn dann muss Ihnen unser Dorf ja gefallen.“

„Ganz sicher,“ sagtest Du, „es ist schön hier.“ „Sagen Sie, Herr Bürgermeister, die Holzfällerhütte da oben ist Ihnen doch bekannt,“ fragte ich ihn. „Sicher, sicher, letzte Woche war ich noch oben. Der Holzeinschlag wurde beendet. Die Holzfäller sind nun weitergezogen.“ „Das wollten wir von Ihnen hören“, war meine Antwort. „Ah, gewiss wollen Sie wieder ein paar Tage dort verbringen“. Er hatte verstanden. „Wir hatten die Absicht,“ sagtest Du, „wunderbar, dass die Hütte leer ist.“ „Ich schicke jemand hinauf der alles etwas herrichtet. Frisches Stroh, Feuerholz usw. dürfte ausreichend vorhanden sein.“ „Vielen Dank und bis bald,“ sagten wir. „Ich wünsche Ihnen eine schöne Zeit hier bei uns.“

Ein paar Tage später. Die Sonne schob sich gerade hinter den Bergen hervor. Wir waren zum Abmarsch bereit. Der Weg sah ganz anders aus wie damals. Doch er war uns vertraut. Wir wollten heute bis zu der kleinen Gaststätte und dort übernachten. Morgen wollen wir dann zu unserer Hütte. „Im Winter gab uns der Wirt einen Schlitten. Diesmal werden wir wohl zu Fuß gehen müssen. Glaubst Du wir schaffen es die Hütte bis zum Abend zu erreichen?“, wolltest Du wissen. „Ich denke doch. Aber wo ein Schlitten ist, gibt es bestimmt auch einen Wagen. Na, wir werden es sehen.“ Der Wirt empfing uns sehr freundlich. Wir hatten noch einen langen Abend und eine schöne Nacht vor uns.

Als wir am anderen Morgen abmarschbereit vor die Tür gingen, standen Pferde und Wagen davor. „Ich weiß, wo Sie hinwollen. Es ist zwar kein Winter wie das letzte Mal, doch damit geht es leichter," sagte der Wirt zu und wies auf das Gespann. Wir hatten kein Wort darüber verloren. Das war sehr nett. Die Pferde zogen an. Sie kannten den Weg. So hatten wir Zeit füreinander. Wir sahen uns um. „Du Gerd, diese Seite, links von uns, kennen wir noch nicht. Die wollen wir diesmal durchforschen," war Dein Vorschlag. Nichts anderes wollte ich auch.

Wir waren an der Hütte. Nach dem alles getan war, saßen wir noch lange vor der Tür. Wir sprachen über unseren Aufenthalt im Winter, in dieser Hütte und auch darüber, dass sie uns zur zweiten Heimat geworden war. Sie war es auch, die uns wieder hierhergezogen hatte. Dann, als wir schon zur Ruhe gegangen waren, wallte die Erinnerung noch einmal so stark auf, dass es so schön wurde wie damals.

Hatschi! Kein Wunder dieses Niesen. Die Sonne kitzelte mit ihren Strahlen in der Nase. Noch immer lagen wir uns so in den Armen wie uns der Schlaf übermannt hatte. „Guten Morgen, mein Liebes." „Guten Morgen. Das war wohl die Rache der Sonne, dass wir ihren Aufgang verschlafen haben." „Sie wird es verzeihen, wir holen es nach."

Der Duft des Kaffees, gemischt mit dem Geruch gebackener Eier und Schinken lag noch im Raum, als wir ins Freie traten. Wir sahen hinüber nach dem leichtfallenden Hang dessen schier undurchdringlichen Wald wir noch nicht kannten. Er war unser Ziel.

Die Hütte lag schon ein gutes Stück hinter uns. Sehen konnten wir sie nicht mehr. Hohe Tannen, die sich weit über unseren Köpfen mit den Kronen der

Buchen vereinten, umgaben uns. Darunter Sträucher, zwischen ihnen Farn. Dann wieder Strecken voller Blaubeersträucher. Die trugen aber noch keine Früchte. Es war ein ständig wechselnder Anblick. Hier und da wurde es etwas lichter. Da lag ein großer Felsbrocken im Schein der Sonne. In ihren warmen Strahlen sonnten sich Eidechsen.

Wieselflink verschwanden sie bei unserem Anblick. Tiefer drangen wir, Hand in Hand, in den Wald. „Gerd, glaubst Du wir finden unsere Hütte wieder?“

„Sicher Petra, wir brauchen doch nur diesen Hang wieder hinaufzugehen. Ein paar Meter links oder rechts davon, was macht das schon.“ „Du sag, wie spät ist es denn?“ „Petra, auch ich habe meine Uhr in der Hütte gelassen.“ „Auch gut“, meintest Du. „Was sagtest Du immer über die Zeit? Hier brauchen wir keine Uhr.“ „Die Sonne wird uns schon zur Rückkehr mahnen, Petra.“

Der Wald lichtete sich. Vor uns lag eine riesige Lichtung, umrahmt von Sträuchern und Bäumen. In der Mitte aber ein kleiner See. Himmel und Sonne spiegelten sich in dem kristallklaren Wasser. Aus dem gegenüberliegenden Ufer erhob sich, direkt aus dem Wasser, ein großes Felsmassiv. Ich sah noch einmal genauer hin. Ja, es musste so sein. „Du, schau einmal dort hinüber, Petra. In dem Felsmassiv ist eine Öffnung, als wenn sie zu einer Grotte führt.“ „Wo, Gerd, ich sehe es nicht.“ „Siehst Du da oben auf dem Felshang die große Tanne?“ „Ja“. „Ihre Wurzeln greifen bis über diesen Eingang.“ „Ja Gerd, jetzt sehe ich es. Glaubst Du wirklich dahinter liegt eine Höhle?“ „Ich möchte es annehmen.“ Wir hatten gar nicht gemerkt wie sich der Himmel verfinsterte. Das vormals blaue Wasser des Sees nahm eine graue Färbung an. Ein aufkommender Wind kräuselte die Oberfläche und trieb kleine, weiße Schaumkronen vor sich her. „Wenn ich es mir vorstelle, dieses Weiß auf dem Wasser sieht aus, wie die Kronen der Nixen, die hier unten vielleicht wohnen," sagte ich versonnen zu mir selbst. Du hörtest es aber. „Du hast Nerven. Gleich geht ein Unwetter los und Du träumst von Deiner Undine", hörte ich Dich, ein wenig ungehalten." Wenn es gleich losgeht, halte ich meine Undine ja im Arm, Dich. Und ich, ich werde dann wohl der Wassermann" war meine Antwort. Ich zog Dich fest an mich.

Wir eilten in den Wald zurück, den Hang empor. Immer dunkler wurde es. Waren wir auf dem richtigen Weg? Alles sah in der zunehmenden Finsternis gleich aus. Plötzlich flammende Helligkeit. Ein Blitz hatte die Dunkelheit zerrissen. Gleich darauf der Donner als wolle er den Wald entwurzeln. Gebannt und geblendet von der plötzlichen Helligkeit blieben wir stehen. Nun sahen wir gar nichts mehr und stolperten, einander festhaltend, weiter.

Dann ging es los. Sturzbächen gleich stürzte der Regen herab. Der Himmel hatte seine Schleusen geöffnet. Noch hielten die Kronen der Bäume die Nässe ein wenig zurück. Dann war es auch vorbei. Blitz auf Blitz folgte Donner auf Donner. Was tun? Triefend vor Nässe standen wir da. Aufgeben? Warten, bis alles vorüber ist? „Schau mal Gerd, da vor uns, sind das nicht zwei kleine Lichter? „Wo denn," wollte ich wissen. „Ach, jetzt sehe ich es." Ein Blitz tauchte den Wald in flammende Helle. Da sahen wir es. Ein Reh stand dicht vor uns und lugte uns an. Seine glänzenden Augen, das waren die Lichter die wir gesehen hatten. Es wendete, ging ein paar Schritte, drehte sich wieder nach uns um. Das gleich Spiel wiederholte sich ein paar Mal. Du merktest zuerst was es wollte. „Gerd, es will uns etwas zeigen. Wir sollen ihm folgen.“ „Du hast recht, Petra. Vielleicht ist hier in der Nähe ein Unterschlupf, in dem wir das Unwetter abwarten können. Komm.“ Das Reh merkte nun das wir ihm folgen wollten und schritt schneller aus. Wir hatten Mühe ihm zu folgen. Doch blieben wir zurück, wartete es, bis wir wieder nahe genug waren. Plötzlich, wie es aufgetaucht war, war es auch wieder verschwunden. Verdutzt sahen wir uns an. Wir standen vor unserer Hütte.

Runter mit den nassen Sachen, Feuer gemacht und einen heißen Tee. Dann fühlten wir uns wieder wohler. Immer noch tobte das Unwetter. Jeder Blitz erleuchtete den Raum heller als es unsere Lampe konnte. Der Wind heulte um die Hütte und riss die Funken des Feuers durch den Kamin. „Du Gerd,“

Deine Stimme klang erregt, „eben hat unser Reh zum Fenster hereingesehen. Ich sah es ganz deutlich.“ „Weißt Du was das für ein Reh war? Bestimmt jenes, dem wir im Winter begegnet sind. Erinnerst Du dich?“ „Dann hat es uns bestimmt erkannt, Gerd.“

Anderen Tags blieben wir in der Umgebung der Hütte. Der Wald triefte noch vor Nässe. Der Wind jagte die Wolken in großen Fetzen vor sich her. Schaute man zu den Kronen der Bäume auf, schien es als stünden die Wolken und der Wald wandere unter Ihnen eilig hinweg. Gegen Abend schlief der Wind ein. Die Wolken waren verjagt. Ein glutroter Sonnenball versank hinter dem Horizont. Die Dämmerung wich der Dunkelheit der Nacht. Sterne erschienen in klarem Glanz. Hinter dem Wald stieg der Vollmond empor. Seinen silbernen Schein warf er verschwenderisch auf die Erde. Zufrieden und glücklich schlüpften wir ins Bett. Dicht aneinandergeschmiegt umfing uns der Schlaf.

Plötzlich war ich hellwach. Du auch. Erstaunt sahen wir uns an. „Hörst Du das auch, Gerd?“ „Ja, ich höre Musik, wie Geigen und Flöten.“ Es muss von der Wiese vor unserer Hütte kommen. Wir sahen zum Fenster hinaus. Immer noch tauchte der Mond, Wald und Flur in sein unwirkliches Licht. Jedenfalls schien es jetzt so unwirklich. Doch, war da nicht Bewegung draußen? „Petra, siehst Du auch was ich sehe?“ „Ja Gerd,“ flüsternd kam die Antwort, „aber was ist das?“ „Gib mir schnell einen Kuss, Petra, damit ich weiß, dass ich nicht träume. „Gerd, das sind ja, das sind ja Elfen.“ „Und sie tanzen zu den Klängen der Musik einen Reigen,“ bestätigte ich. Erschrocken fuhren wir herum. Da ging die Tür auf. Ich hatte sie doch verschlossen. Aber ich glaube, heute Nacht ist alles möglich. Wir trauten unseren Augen nicht. Eine der

Elfen stand vor unserem Bett. „Kommt," hörten wir ihre zarte Stimme „kommt mit. Wir wollen Euch unsere Welt, unser Reich zeigen. Auch Oberon, unser König will euch begrüßen." Wie unter einem Bann stehend standen wir auf und folgten ihr. Aber wir wollten es auch.

Wir waren vor der Tür, umringt von allen anderen Elfen, die tanzend einen Kreis um uns schlossen. Da öffneten sie eine Gasse in ihrem Kreis. Durch diese Gasse kam ein Reh, unser Reh. Es Zog einen Wagen, der aus dem Licht des Mondes gemacht sein musste, hinter sich her. „Ja, Ihr habt mich erkannt. Ich war es, das Reh, dem Ihr im Winter begegnet seid, das Reh, das Euch durch den Sturm brachte. Und nun steigt in den Wagen, ich bringe Euch in eine andere Welt."

Kaum saßen wir im Wagen, trabte unser Reh an. Mühelos zog es uns.

Umringt von Elfen ging die Fahrt in den Wald, den wir schon kannten, zu kennen glaubten. Immer klang diese zarte Musik von irgendwo her. Verträumt, romantisch, weltfern. Wir fuhren den gleichen Weg, den wir zum See gegangen waren.

Kein Stein, keine Wurzel spürten wir in unserem Wagen. Da waren wir bei dem Felsen, auf dem sich die Eidechsen gesonnt haben.

Die Elfe, die in unsere Hütte gekommen war, Lunita hieß sie wie sie uns sagte, ging zu dem Felsen und klopfte mit einem Stoch dreimal daran.

Ohne einen Laut öffnete sich der Fels. Waren wir angekommen? Nein, aus der Öffnung trat ein Zwerg, eine Laterne hoch über seinen Kopf haltend. Er war kaum größer als zwei Fuß. Bekleidet war er mit einer grauen Hose, einem roten Wams und einer ebenso roten

Zipfelmütze. Ein weißer Bart umrahmte sein Kinn.

„Ah, ihr seid es, Lunita, mit den Gästen," sprach er, und zu uns gewandt, „ich werde Euch melden. König Laurin will Euch begrüßen." Er verschwand im Berg. Doch der Fels blieb offen. Da kam er wieder. Er war in Begleitung eines zweiten Zwerges. Dieser war kaum größer als der erste. Doch er trug einen purpurnen, mit Gold verbrämten Umhang. Sein Haupt zierte eine goldene, mit Edelsteinen besetzte Krone. „Seid gegrüßt, Ihr Menschen, an der Pforte meines Reiches. Gern würde ich Euch in meinen Palast führen, doch Ihr seid ein wenig zu groß geraten dafür. Nehmt aber diese Alraune als Andenken an uns mit Euch. Sie gehörte meiner Mutter. Sie starb vor einigen Monden im Alter von fast 300 Jahren," Er reichte Dir die Wurzel. Zögernd nahmst Du sie an Dich.

„Hab Dank, König Laurin. Wir wissen um die Kraft dieser Zauberwurzel, doch nie werden wir sie unnütz oder zum Schaden anwenden. Grüß Dein Volk von uns," bedankten wir uns. „Diese Worte höre ich gern", erwiderte er, „nicht jedem Menschen ist es gestattet zu sehen, was Euch heute Nacht beschieden ist. Zieht nun zu meinem Freund Oberon. Doch gebt Acht," er sah zu Lunita, „Oger ist wieder unterwegs. Er darf Euch nicht sehen." Uns rief er noch ein Lebewohl zu, trat in den Berg zurück. Dieser schloss sich wieder und der Fels lag wie vordem im Mondlicht.

„Ihr wisst wer Oger ist?" Lunita sprach uns an. „Jener Riese der einen großen Schatz bewacht. Man munkelt, der Gral sei darunter. Doch wir wollen weiter. Oberon wird schon warten."

Weiter ging die Fahrt, in Richtung zum See. Da hörten wir brechendes Holz und polternde Schritte, die die Erde zittern ließ. Alles erstarrte. Die Elfen waren verschwunden, nur Lunita stand dicht bei dem Wagen, der ein dunkles Grau angenommen hatte. Unser Reh stand wie aus Stein gehauen.

Ein riesiger Schatten bewegte sich vor uns. Oger. Hatte er uns entdeckt? Fast schien es so. Er verhielt und wendete sich nach uns. Da flammte plötzlich am Horizont ein riesiger Feuerschein auf. Oger sah ihn und stürmte davon, hin zu diesem Schein. Das Brechen des Holzes ebbte ab. Oger war verschwunden.

„Das ist noch einmal gut gegangen. Laurin muss ihn gesehen haben. Seine Zwerge entfachten den Schein. Oger glaubte sein Schatz sei in Gefahr“. Der Schreck steckte uns noch in den Gliedern. Doch unser Reh war wieder lebendig, die Elfen wieder um uns. Die Fahrt konnte weiter gehen.

Der Wald öffnete sich, vor uns lag der See. „Wir müssen da hinüber. Dort ist der Eingang zu Oberons Reich“, eröffnete uns Lunita. Unser Reh trat vom Wagen zurück und legte sich am Ufer nieder. „Ich bleibe hier und warte auf Euch“, sagte es. Lunita kam zum Wagen. Sie zog mit ihrem Schleier darüber. Nun saßen wir plötzlich in einem Boot. Es wiegte sich sanft in den Wellen des Sees. Bewegung kam im Wasser auf. Wieder dieser weiße Schaum, wie vor dem Sturm. Doch kein Lüftchen regte sich. „Sieh Petra, es sind doch die Kronen der Nixen,“ rief ich Dir zu.

Sie kamen zum Boot, ergriffen es und zogen uns in den See hinaus. Die Elfen umringten uns. Lunita ging allen voraus und führte den Zug an. Wir waren etwa in der Mitte des Sees, als Lunita stehen blieb. Mit einer Gerte, die sie in der Hand trug schlug sie dreimal auf das Wasser. Dieses teilte sich vor unserem Boot und ein Kopf tauchte auf. Langes, triefnasses, rotes Haar, bekränzt mit einem Geflecht aus Algen, umgab ein von Falten zerfurchtes Gesicht. Fast zum fürchte und Du drängtest Dich eng an mich.

„Ihr braucht Euch nicht zu fürchten. Ich weiß, die Menschen erschrecken, wenn sie mich sehen. Nereus bin ich. Der Herrscher des Wassers. Es ist mir eine Freude Euch zu sehen. Heute seid Ihr Gast bei Oberon. Jetzt schon lade ich Euch aber ein zu einem Besuch in meinem Schloss. Hier, eine Nachbildung des Zeichens meiner Würde. Nehmt diesen Dreizack. Wenn Ihr mich besuchen wollt, so kommt an diesen See und schlagt dreimal mit diesem Dreizack auf das Wasser. Nun gute Fahrt und grüßt mir Oberon." Alle Angst war von Dir abgefallen.

Erstaunt hörte ich Dich sagen: „Hab Dank Nereus.

„Wir werden bestimmt kommen." Dabei winktest Du ihm mit dem Dreizack zu.

Weiter ging die Fahrt über den See. Nun waren wir vor dem Eingang der Grotte, die wir vom Ufer gesehen hatten. Die Elfen waren schon hineingegangen, nur Lunita war noch da. Die Nixen schoben das Boot hinein. Das Wasser wurde seichter und das Boot fuhr auf das Ufer. Winkend schwammen die Nixen zurück. „Steigt aus, wir sind da. Das letzte Stück Weg legen wir zu Fuß zurück," forderte Lunita uns auf.

Wir standen am Ufer und blickten uns um. Von draußen fiel nur das sich im Wasser des Sees spiegelnde Mondlicht herein. Doch die Wände der Grotte warfen dieses Licht, tausendfach verstärkt, in den Raum. Eine unwirkliche Helle umgab uns schattenlos. Am Ende der Grotte tat sich ein im Dämmerlicht liegender Gang auf. Lunita schritt auf diesen zu und wir folgten ihr. Der Gang war schmal und feucht. Vor uns sahen wir nur das helle Gewand unserer Führerin. Noch enger wurde der Gang und wir fasten uns fest an den Händen. Ein knirschendes Geräusch hinter uns ließ uns herumfahren. Erschreckend sahen wir, wie sich der Berg hinter uns schloss. „Kommt nur," rief Lunita, „Oberon wartet." Wie sollten wir jetzt zurück? Achselzuckend folgten wir ihr. Der Gang wurde breiter und ein helles Licht war an seinem Ende zu sehen.

Ein großes Gewölbe aus Bergkristall tat sich vor uns auf. Der Glanz des Kristalls erleuchtete die Halle in deren Mitte ein langer marmorner Tisch stand. Er war beladen mit Früchten aus aller Herren Länder. Funkelnde Karaffen aus Silber waren gefüllt mit köstlichen Säften und Weinen. Die Musik klang wieder auf. Auch unsere

Elfen waren wieder da. Tanzend uns umringend drängten sie sanft in die tiefen der Halle. Jetzt sahen wir ihn. Oberon, den König der Elfen. Er saß auf einem mächtigen Thron aus Jade, verziert mit tausenden Gesteinen, die in allen Farben schillerten. Oben auf der Lehne dieses Thrones aber prangte eine funkelnde Diamantenkrone.

Doch der mächtige Thron konnte nicht ablenken von ihm, Oberon. Magisch zog er unsere Blicke an. Er musste wohl so alt sein wie diese Grotte. Schneeweißes, wallendes Haar fiel bis weit über seine Schultern herab. Das Gesicht voller Falten aus dem sich wie ein Berg die vom Wein gerötete Nase erhob. Darunter ein schlohweißer Bart, der sich mit dem Haupthaar zu vereinen schien. Wie die ihn umgebenden Kristalle, so schien auch er aus Stein. Doch nein, die Augen, sie lebten. Sie leuchteten in dem tiefen blau des Sees vor der Grotte. Güte, Freude und tausendjährige Lebenserfahrung strahlten sie aus. Er erhob sich, als wir auf ihn zugingen. Nun sahen wir auch sein Gewand. Es war ein Umhang, der ihn wie flüssiges Kupfer umhüllte, Gehalten mit einem Gürtel aus purem Gold. „Willkommen, Ihr Menschen, willkommen bei Oberon. Seit meine Gäste, solange immer es Euch gefällt. Esset und trinket was das Herz begehrt."

„Wir folgen gerne Deinem Ruf, Oberon," erwiderte ich seinen Gruß „Und wir danken Dir für Deine Einladung", fuhrst Du fort, „so etwas sahen wir noch nie." „Doch der Weg zu Dir hatte auch seine Gefahren", sagte ich und dachte dabei an Oger. „Ich weiß, ich weiß," meinte Oberon, „doch so groß ist die Gefahr nicht. Alle im weiten Umkreis, Laurin, Nereus, alle sind wir im Bunde, um Unheil durch Oger zu verhüten. Plant er etwas an einer Stelle, wird er genarrt und an einen anderen Ort gelockt. Immer so, dass er meint, jemand wolle ihm seinen Schatz rauben. Es ist noch nicht einmal seiner, er gehört den Zwergen." „Wir erlebten es", sagtest Du. Lunita trat neben Oberon. Dieser setzte sich wieder. „Ich will Euch noch mit meinem vertrauten Vasallen, dem Berggeist bekannt machen", eröffnete er uns. „Er wird Euch in die Tiefe des Berges führen und Euch alles zeigen." Zu Lunita gewandt, „geh mein Kind und hole ihn."

Lunita ging in den Berg. Gespannt sahen wir dem Erscheinen des Berggeistes entgegen. „Du, ein wenig fürchte ich mich doch davor", flüstertest Du mir zu. „So ganz wohl ist mir der Gedanke auch nicht," entgegnete ich leise. Doch Oberon hatte es gehört. „Er ist zwar ein Poltergeist. Doch was sich die Menschen über ihn erzählen ist nicht wahr. Er ist nicht böse. Sonst hätte ich ihn längst verbannt.“ Lunita kam wieder. Ihr folgte ein Männchen, das nur der Berggeist sein konnte. Ein wenig erinnerte er an Laurin und seinen Zwerg. Doch er war höher von Wuchs. Fast bis an die Schulter reichte er uns. Strubbeliges rotes Haar und ein ebensolcher Bart ließen nicht viel von seinem Gesicht erkennen. Eine mächtige Hakennase regte aus dem Gewirr heraus. Kleine, rötlich funkelnde Augen sahen an ihr vorbei. Doch nichts Bösartiges hatte der Blick. Eingehüllt in einen Mantel aus gebleichtem Rupfen hielt er in seiner rechten Hand einen kräftigen Knotenstock. „Ich hörte von Eurem Kommen,“ polterte seine Stimme. „Oberons Gästen zu dienen bin ich bereit. Doch, bevor wir in den Berg gehen, stärkt Euch.“

Lunita klatschte in die Hände. Tänzeln brachten die Elfen uns alles was wir begehrten von der Tafel. Es wurde ein köstliches Mahl. Wir waren reichlich gesättigt.

„Nun denn," hörten wir Oberons Stimme, „lasst euch mein Reich zeigen. Doch hier," er brach ein faustgroßes Stück Bergkristall los, „nehmt es mit. Nicht überall ist e so hell wie hier. Dies wird Euch Licht geben." Du wolltest den Kristall nehmen, doch Alraune und Dreizack hinderten Dich. Ich nahm Dir beides ab, Du nahmst den Stein in Empfang. Er funkelte heller als alles andere Licht. Er war aus seinem Thron. „So kommt denn," vernahmen wir den Berggeist. Er stapfte los, wir folgten ihm schweigend. Ein Gang. Dunkelheit in ihm. Doch der Kristall in Deinen Händen spendete reichlich Licht.

Wieder eine Grotte. Aber viel kleiner als die in der Oberon saß. Sie war aus reinem Aquamarin. In der Mitte ein leuchtend blaues Gewässer. Im Wasser schwammen Fische aller Farben. Sie phosphoreszierten als gäben sie eigenes Licht von sich. Aus einer Nische trat eine weiße Gestalt hervor. Ein langes Gewand, eine kleine goldene Krone auf dem blonden Haar. Wir erschraken. Doch nur kurz. Es war die Fee dieser Grotte. „Dieses kleine Reich ist meiner Obhut anvertraut. Nur manchmal verlasse ich den Berg und gehe zu den Menschen. Doch immer nur dann, wenn sie in Not sind," vernahmen wir ihre Stimme. Sie deutete auf die andere Seite des Gewässers. „Schaut dort hin. In jener Nische schläft jemand. Es ist der Tag. Er sammelt Kräfte für seine morgige Arbeit bei den Menschen." Wir dankten ihr und folgten dem Berggeist, der sich bereits anschickte, die Grotte zu verlassen. „Lebt wohl", rief die Fee uns nach. „Leb wohl," riefen wir zurück.

Wieder ein dunkler Gang, erleuchtet durch den Kristall. Eine neue Grotte. Diese jedoch aus dunkelrotem Rubin.

Der Kristall strahlte Rotgold im Widerschein der Wände. Er leuchtete Dich an.

Dein Haar schimmerte wie reife Kastanien. Die Fee dieser Grotte kam auf uns zu. Sie hatte schwarzes Haar und ein langes, schwarzes Kleid. Doch trug sie die gleiche Krone wie die blonde Fee.

„Seid gegrüßt. Hier seid Ihr in der Grotte der Nacht. Ich bin die Hüterin," sprach sie uns an. „Seht Ihr in der Mitte den Stollen?" Jetzt erst entdeckten wir, dass in der Mitte der Grotte ein Stollen abwärtsführte. „Durch diesen Stollen," fuhr die Fee fort, „verlässt die Nacht Abend für Abend die Grotte. Der Gang führt unter den See. Dort taucht sie auf und breitet ihren Schleier über die Menschheit. Bei Tag ruht sie in jenem Alkoven." Sie deutete auf eine Nische, ähnlich die in der der Tag jetzt ruhte.

Wir bedankten uns und folgten unserem Führer weiter durch den Berg.

Wieder dunkle Gänge. Wieder Grotten. Jede in einem anderen Gestein, einer anderen Farbe. In jeder eine Fee mit gleicher Krone wie die beiden ersten, doch mit einem Gewand in der Farbe des Gesteins. Wir wurden des Sehens nicht müde.

In der letzten Grotte blieb unser Berggeist stehen. „Dies hier ist mein Heim. Ich habe keine Fee. Bei mir hält es keine aus," klagte er, „ich mache mir alles selbst." Wir sahen uns um. Die Grotte war nicht sonderlich hell- Sie war aus grauem Granit, fast in der Farbe seines langen Mantels. Das meiste Licht gab der Kristall. „Dort beginnt der letzte Gang," sagte er weiter. „Geht schon hinein, ich komme sofort nach. Muss nur noch nach meinem Molch, dem Olm, sehen." Wir zögerten und sahen uns an. Er ging doch sonst immer voraus? „Geht nur, geht. Ihr könnt den Weg ja nicht verfehlen.“ Nur zögernd betraten wir den Gang. Der Kristall leuchtete.

Wir gingen tiefer in den Gang. „Kommt er immer noch nicht nach,“ wolltest du wissen? Wir drehten uns um. Nein, er kam nicht. Doch was wir sahen, ließ uns das Blut in den Adern gerinnen. Mit dumpfen poltern schloss der Berg hinter uns. Wir standen allein in diesem letzten Gang.

Dumpfes Pochen, als schlügen Fäuste auf dickes Holz, kam von vorn. Der Kristall leuchtete heller als je zuvor. Wir drehten uns um und sahen … die Strahlen der Morgensonne in unser Bett fallen. Wir machten ja reichlich dumme Gesichter. Aber das Pochen, das war da. Jemand schlug mit Fäusten gegen unsere Tür. Die war ja verschlossen. Ich ging sie öffnen. „Sie haben ja einen gesunden Schlaf“. Draußen standen unser Wirt, der Bürgermeister und noch zwei Männer. Die kannten wir nicht. „Das Unwetter," sprach der Bürgermeister weiter, „seit Jahren hat es das nicht mehr gegeben. Wir waren besorgt um sie. Gestern war der Weg hierauf nicht passierbar."

„Ja", meinte unser Wirt, „wir kamen nur bis zu dem Gasthof, von dem Sie den Wagen und die Pferde haben. Dort übernachteten wir und gingen in aller Frühe los."

Wir waren gerührt ob dieser Fürsorge. „Haben Sie recht herzlichen Dank für Ihre Mühen," sagte ich, „doch wie sie sehen, sind wir wohl auf. „Petra!"

„Ja Gerd, ich habe es gehört." „Sag, wollen wir heute noch nach unten?" „Lass uns noch einen Tag bleiben, Gerd." „Sie haben gehört, meine Herren," ich wendete mich wieder den

Männern zu. „Doch trinken Sie mit uns noch einen Kaffee, bevor Sie sich wieder auf den Heimweg machen.“

Sie waren wieder gegangen. Wir waren allein. „Sag Gerd,“ zögernd kam Deine Stimme, „hatten wir beide den gleichen Traum? Oder war es Wirklichkeit?“ Ein Blitzstrahl erhellte den Raum. Ein Blitz? Nein, es war der Bergkristall. Und da, daneben lag die Alraune und der Dreizack.
„Es war also doch kein Traum,“ riefst Du aus. „Nein Petra ich sehe es, es war kein Traum.“ Wir lagen uns in den Armen. „Es war ein unvergessliches Erlebnis,“ kam es wie aus einem Mund.
„Du“, Du gingst einen Schritt zurück, „wenn wir das jemandem erzählen wollen, es glaubt uns doch kein Mensch.“ „Das ist wahr,“ erwiderte ich, „wir verpacken unsere Geschenke gut und lassen niemanden sie sehen. Brauchen werden wir sie ja noch.“ Und ein wenig verschmitzt, „Du weißt doch

noch was Du Nereus versprochen hast." „Oh, ich weiß es sehr genau. Und dieses Versprechen werden wir halten."

„Einverstanden", ich rief es fast.

Einen schönen Tag und eine wundervolle Nacht verbrachten wir noch in unserer Hütte. Dann spannten wir an. Es war noch dunkel. Wir wollten den Weg ja an einem Tag schaffen. Im Gasthof gaben wir Pferde und Wagen zurück und traten den Weg zum Dorf an.

Die restlichen Tage des Urlaubs vergingen wie im Fluge. Oft noch sprachen wir von unseren neuen Bekannten, man konnte sie ja getrost Freunde nennen. Trotz des Streiches den uns der Berggeist gespielt hatte. Es war beschlossene Sache, der Besuch bei Nereus.

Nun saßen wir wieder im Zug. Bald kreischten die Bremsen, wir waren zu Haus, der Urlaub vorbei. Ein letzter, langer Kuss, ein Blick in die Augen. Wir wussten es, das war nicht das Ende, das war ein neuer Anfang.

Am Ende der Straße

Eine Parabel

GeJo, 14.05.1981

Wieder hatte ich den Tag verstreichen lassen. Wieder ein Tag in Untätigkeit und Lethargie. Die innere Unruhe wächst mit jedem Tag.

Nacht ist hereingebrochen. Eine böse und schaurige Nacht. Ich gehe zum Fenster und schaue hinaus. Der Wind pfeift und heult ums Haus. Die Äste der Bäume biegen sich bis zum Brechen, der Regen prasselt gegen die Scheiben. Eine wahre Machtdemonstration der Natur. Das Auge hat sich der Finsternis angepasst. Da sah ich es. Das in die Nacht laufende, schier unendliche Band der Straße. Schnurgerade verschwindet es im Dunkel der Nacht. Glänzend vor

Nässe. Eingesäumt durch lange Baumreihen. Rechts davon, unwirklich scheinend, ein wehendes Meer von hohem Gras. An dessen Ende, kaum noch zu erkennen, eine schwarze Wand.

Der Wald. Links der Straße scheint die Welt heller zu sein.

Weiße Streifen erscheinen und vergehen. Ein Brausen ist zu vernehmen. Die vom Sturm gepeitschte See mit ihren Gischtkronen.

Ich wende mich ab von diesem Bild. Unruhig durchmesse ich den Raum.

„Es geht nicht mehr so weiter", sage ich mir, „dieser Weg muss gegangen werden. Erst am Ende dieser Straße, an meinem Ziel, wirst Du wieder Deine Ruhe finden. Selbst dann, wenn Du wieder umkehren musst. Dann wirst Du diesen Weg halt öfter gehen. Aber dieser Sturm wird dann halt nicht toben“.

Der Entschluss war gefasst. Doch an Ruhe ist nicht zu denken. So harre ich der ersten Dämmerung entgegen.

Fast reist mir der Wind die Tür aus der Hand. Es regnet nicht mehr. Doch der Sturm tobt mit unverminderter Heftigkeit. Jetzt, im ersten Grau des werdenden Tages, sieht die Natur nicht mehr so furchterweckend aus. Der Wind bläst von See. Die Wipfel der Bäume neigen sich fast bis zum Boden. Die Flut hat eingesetzt und die Kämme der Wogen spritzen über das graue, auch im Morgenlicht unendlich scheinende Band der Straße.

Gegen den Wind gelehnt schreite ich kräftig aus. Schritt für Schritt ein Kampf. Aber Schritt für Schritt dem Ziel entgegen. Noch ein Blick zurück? Nein, nur weiter, der Weg ist lang.

Jetzt ritt die See zurück und dichtes Buschwerk gesellt sich zu der Reihe von Bäumen. Es nimmt dem Sturm die Heftigkeit. Nun kann ich aufrecht gehen. Da reißt eine tückisch einfallende Böe mir fast die Mütze vom Kopf. Die Gefahr ist keineswegs gebannt. Doch nicht nur die der Natur. Der Tag ist vollends angebrochen. Doch hell will es nicht werden.

Hinter mir vernehme ich Motorengeräusch. Ein Auto nähert sich und hält neben mir. Das Fenster wird herunter gedreht und eine angenehme weibliche Stimme sagt: „Guten Morgen. Bei diesem Wetter zu Fuß? Steigen Sie ein ich nehme Sie ein Stück mit.“ Ich schaue auf. Ein von hellen Locken umrahmtes, verschmitztes Gesicht sieht mich mit blitzenden Augen an. Zaudernd verhalte ich den Schritt. Nicht mehr dem Sturm ausgesetzt sein, in so angenehmer Gesellschaft und schneller zum Ziel?

Das wäre schön. Doch es geht nicht. Dieser Weg muss Schritt für Schritt gegangen werden. „Vielen Dank für reizendes Angebot. Leider muss ich ablehnen. Ich gehe. Achselzuckend legt sie den Gang ein und bald ist der Wagen meinen Blicken entschwunden. Aufatmend, dieser Verlockung wiederstanden zu haben, setze ich meinen Weg fort. Als wolle er mir einen Fehler nachweisen, braust der Wind mit erneuter Heftigkeit auf. „Du zwingst mich nicht zu Boden," denke ich und gehe weiter.

Ein paar Häuser tauchen auf. Aus dem ersten, es ist ein Gasthaus, tritt der Wirt. Er hat mich wohl kommen sehen. „He Mann, bei diesem Wetter kommen Sie doch nicht weit. Ruhen Sie sich ein wenig aus. Ich schätze", er sieht nach dem Himmel, „in ein paar Stunden hat der Sturm ausgetobt." Ich bleibe stehen und sehe mich um. Da steht auch wieder dieses Auto das mich überholt hat. Ist es ein Wink des Schicksals? Jetzt ein wenig ausruhen und dann die Zeit vielleicht mit dem Wagen wieder herausholen? Doch wie der Sturm um mich, so tobt die Unruhe in mir. „Vielen Dank Herr Wirt. Aber ich muss mein Ziel heute noch erreichen." „Ja dann noch einen guten Weg". Kopfschüttelnd geht er ins Haus zurück. Ich setze meinen Weg fort.

Der Wind ist abgeflaut. Regen setzt wieder ein. In weitem Bogen nähert sich die See wieder der Straße. Die aufschäumenden Wogen haben sich gelegt. Nur die auffallenden Regentropfen halten das Wasser in Bewegung. Eine Anlegestelle taucht auf. An ihr liegt eine Barkasse festgezurrt. Von der Brücke ruft eine Stimme: „Leinen los!" Ein Matrose schickt sich an dem Befehl nachzukommen. „He", ruft jene Stimme zu mir herüber, „komm an Bord. Wir fahren in Ihre Richtung. Hier sind Sie im trockenen“. Eine verlockende Aussicht. Ohne Anstrengung in die Nähe des Ziels zu kommen. Ausgeruht dann die letzten Schritte gehen. Schon, fast unbewusst, setze ich meinen Fuß auf die Laufplanke. „Du weißt doch, dass Du diesen Weg bis zum Ende der Straße zu Fuß gehen musst. Willst Du dich denn selbst betrügen?“ Aha, meine innere Stimme. „Was soll es“, mache ich eine Beschwichtigungsversuch, „ich bin müde und der Weg ist noch weit. Außerdem möchte ich nicht erschöpft mein Ziel erreichen“. „Wenn Du es besser weißt, nur zu“. Ich weiß es besser. Meinen Fuß zurückziehend rufe ich zur Brücke: „Vielen Dank. Aber dieses Stück laufe ich auch noch“.

Mein Weg geht weiter. Auf dem grauen Band der Straße. Beide Seiten durch Bäume eingefasst. Rechts die von Nässe dampfenden Wiesen. Links das grüngrau schimmernde Wasser der

See, unterbrochen vom Kielwasser der sich rasch entfernenden Barkasse. Hinter mir das langgestreckte Band der Straße, sich zuspitzend wie ein Pfeil, ins Nichts verlaufend. Vor mir? Ja vor mir sieht es nicht anders aus als hinter mir. Doch vor mir liegt mein Ziel. Also weiter. Die Schritte werden schwerer. Der Regen lässt nach und hört schließlich ganz auf. Ich hebe den Blick. Nach vorn. Dort muss mein Ziel auftauchen. Und da, da vorn wo die Sonne sich dem Horizont zuneigen müsste, verfärbt sich der Himmel glutrot. Die Wolken brechen auf. Ich verharre und da, da in dem sinkenden Feuerball steht mein Ziel. Alle Müdigkeit fällt ab, alle Mühen sind vergessen. Mit weit ausgestreckten Armen eile ich zum Ziel, zu meinem Ziel, **am Ende der Straße.**

GeJo, 14.05.1981

Es ist mir gleich

Es ist mir gleich, was Du und andere denken. Ich denke nur für mich.

Es ist mir gleich, was Du und andere tun. Ich handele nur für mich.

Es ist mir gleich, Schiltst Du mich einen Egoisten. Denk einmal nach. Bist Du es nicht?

Es ist mir gleich, ob Du befolgtest meinen Rat. Obwohl gab ich ihn nur für Dich.

Es ist mir gleich, ob Du hältst, was Du versprochen. Ich warte nicht auf Dich.

Wer ist nun ein Egoist? Nun, das muss jeder selber wissen. Doch, es ist schon besser so, für mich.

GeJo, September 1981

Zwei Jahre

Vor einem Jahr liebte ich Dich.

Vor einem Monat fehltest Du mir.

Vor einer Woche sehnte ich mich nach dir.

Gestern suchte ich Deine Hand.

Vor einer Stunde wollte ich Dich umarmen.

Jetzt möchte ich Dich küssen.

In einer Stunde? Nein.

Morgen? Auch nicht.

In einer Woche? Ich kann es kaum glauben.

In einem Monat? Vielleicht.

In einem Jahr? Werden Wunschträume wahr?

GeJo, Januar 1982

Dein Bild

Ich nehme es in die Hand.
Dein Bild.
Ich will Dich sehen.
Dein Bild?
Ich will Dir in die Augen schauen.
Auf Deinem Bild?
Ich will Dir etwas sagen.
Deinem Bild?
Du sollst mir antworten.
Von Deinem Bild?
Ich küsse Dich.
Dein Bild.
Auf dem Bild bist Du.
Doch Dein Bild bist nicht Du.

GeJo, Juli 1981

Wechselfluss

Die Nacht verrinnt, der Tag beginnt.
Mit ihm ein neues Leben.

Was aber kann es da wohl geben?

Es kommt und geht mit ihm die Zeit,
denn wieder bald ist es so weit.

Der Tag verrinnt.

Die Nacht beginnt.

GeJo, April 1982

Wünsche

Guten Morgen, liebe Maid.
Du hast auch heut mal wieder keine Zeit.
Für mich.

Ich möchte Dich doch wiedersehen. Möchte mit Dir gehen. Durch Wiesen, Wald und Flur. Ach hättest Du nur ein wenig Zeit.
Für mich.

GeJo, April 1982

Das Herz

Ich wusste nicht von Dir
Doch gab es dich
Da kam ein Freund
Er zeigte mir
Dass es Dich gibt

Der Freund der es mir sagte?
Das Schicksal wars
Es führte mich zu Dir
Und Dich zu mir, und Du warst da

Als ich Dich erstmals sah
Da gab ich es Dir
Es war mein Herz
Du hast es jetzt
Was wirst Du tun?

Nun leb ich ohne Herz
Geht das den an?
Es ist nicht leicht
Ich brauche eins
Schenk mir doch Deins

GeJo, Oktober 1981

Glück und Glas

Kennst Du das Glück im Leben?
Hast Du es schon erfasst?
Es kann so leicht geschehen.
Dass Du es, vielleicht, verpasst.

In froher Runde wir saßen.
Bei einem Glas Wein.
Und draußen auf den Gassen, brach leis die Nacht herein.

Gar fröhlich war die Runde, auch voller Übermut.
Und so schwand Stund um Stunde in der Vergang'heit Hut.
Da, ohne es zu wollen, stieß ich an jenes Glas.
Es Kippte, es kam ins Rollen, es floss das edle Nass.

Geschwind wollt ich noch retten, das kostbare Kristall.
Doch dort, an jener Ecken zerbrachs mit leisem Schall.

Da lag das Glas in Scherben und es erlosch die Glut.
Des edlen Safts der Reben, fast wie des Herzens Blut.

So wie dem Glas der Reben, fasst Du hinzu zu spät.
Es Deinem Glück im Leben, dann ebenso ergeht.

GeJo, August 1981

Schatten

Kehre der Sonne den Rücken.
Dein Schatten liegt vor Dir.
Versuche ihn zu überspringen.
Dein Schatten springt mit.

Wende Dich seitwärts zur Sonne.
Dein Schatten ist neben Dir.
Gehe ein paar Schritte.
Dein Schatten geht mit.

Nun wende Dein Gesicht zur Sonne.
Dein Schatten liegt hinter Dir.

Aber die Schatten, die um mich sind, wirst Du sagen.
Gewiss, doch Dein Schatten liegt hinter Dir.
Und die Schatten um Dich, sieh hin, sind lichter.

GeJo, August 1981

Morgen

Heute warte ich auf Morgen.
Warum eigentlich warte ich?
Für Gestern war Heute-Morgen.
Auch Gestern wartete ich auf Morgen.
Worauf denn warte ich?
Warte ich auf Godo?
Oder suche ich, aber dann was?
Suche ich den Gral?

Es wird der Morgen kommen, an dem ich weiß, worauf ich gewartet habe. Oder, wenn ich suche, gefunden habe was ich suche.

GeJo, August 1981

Dich

Morgendämmerung bricht an. Ich öffne die Augen und schaue zum Fenster. Noch einmal schaue ich hin und sehe Dich.

Ich verlasse das Lager und hole meine Zeitung, rauche eine Zigarette an und trinke meinen Kaffee. Dann schlage ich meine Zeitung auf, Blatt für Blatt sehe ich nur Dich.

Ich muss mein Tagwerk beginnen und verlasse das Haus. Die Werkhalle ist erfüllt vom Lärm der Maschinen. Das Lied der Arbeit dringt ins Ohr. Ich schaue zum Hallentor und sehe Dich.
Ich beende meine Arbeit und gehe heim. Durch die Straßen fließt eine Menschenflut.

Eilen und Hasten um mich. Ich verhalte meinen Schritt, denn überall sehe ich Dich.

Die Abenddämmerung bricht herein. Ich lenke meinen Schritt zum nahen Wald. Stille umpfängt mich nach des Tages Lärm. Leise piepsen Vöglein im Schlaf. Rufen sie? Ja, denn ich sehe Dich.

Ich stehe am Fenster und sehe auf leere Straßen. Sanft zieht die Nacht herauf. Dunkelheit im Raum. Sie umfasst mich. Mein Blick geht hinauf zu den Sternen und in ihnen sehe ich Dich.

Müdigkeit kommt wie eine tröstende Fee. Sie führt mich zu Bett, ich gebe ihr nach. Mondlicht flutet durchs Fenster, silbern glänzt der Raum. Schlaf umfasst mich und bringt den Traum. Im Traum sehe ich Dich.

Der Nacht folgt wieder ein Tag. Im steten Gleichmaß folgt ihm die Nacht. Sao fließt die Zeit, so fließt das Leben. Immer sehe ich Dich. Doch wann wirklich sehe ich Dich?

GeJo, August 1981

Die Straße

breit
Asphalt
Laternenlicht
Motorengedröhn
Stimmengewirr
Gelächter
Gezänk

über allem
der bleiche Mond.

Der Weg

schmal
Sand und Kies
Bäume am Rand
Ein paar Menschen
leise Stimmen
geruhsame Schritte

über allem

der stille Mond.

Der Pfad

eng, gewunden
von Büschen

begrenzt
kein Mensch

keine Stimmen
wispernder Wind im

Laub
ein Vöglein piepst im

Traum

verhalte Deinen
Schritt, auch der

Wind bleibt steh´n
Hörst Du es?

silbern klingendes
Mondlicht.

GeJo, August 1993

Dies und jenes

Gestern tat´s Du dies
und Du fandest es
gut.
Du tat´s auch jenes
und Du fandest es
schlecht.
Morgen tust Du nur
dies.
Heute ist morgen
und Du tust nur dies
und es ist gut.

Doch auch jenes tust
Du wieder und es ist
schlecht.
Aber morgen, dann
tust Du gewiss nur
dies.

Frage übermorgen
was gestern war.

GeJo, August 1993

Ohne Titel

Damals vor Jahrzehnten hatte der Tag 24 Stunden, die Stunde 60 Minuten. Das war schon immer so, heute auch.

Damals, wie war der Tag doch so herrlich lang. Und doch, die Minuten einer Stunde konnten von unterschiedlicher Länge sein. Am Morgen, in der Schule waren sie mit Gewissheit länger als beim Spielen und Toben an den Nachmittagen. Die Stunden wurden kürzer je näher die Nacht rückte.

Dann kam eine Zeit, da wollten 24 Stunden kein Ende finden. Krieg und Gefangenschaft.

Schließlich gab es eine Zeit, in der man nicht die Zeit hatte, über die Zeit nachzudenken. Auch diese Tage hatten 24 Stunden. Sie reichten kaum.

Und jetzt? Jetzt im Alter nimmt man sich die Zeit über die Zeit nachzudenken. Und siehe, sie flieht dahin, als wolle sie die Lebensuhr überrunden.

Was sagt ein altes russisches Sprichwort?

Hinter uns liegt eine Zeit.
Vor uns liegt eine Zeit.
Nur wir, wir haben keine Zeit.

Weshalb?

Ein Bilderbogen

GeJo, Mai 1981

Inhalt:

Zufall

Silvester. Ein großer Raum. Geschmückt mit Girlanden. Festlich gedeckte Tafel. Luftballons wiegen sich über die Tische. Ein langer Gang. An dessen Ende ein Tisch, mit einer Plattenspielanlage.

Musik. Fröhliche Stimmung. Auch Erwartung liegt in der Luft. Erwartung der geladenen Gäste.

Werder die Fröhlichkeit, noch die Erwartung kann ich teilen. Warum? Ich weiß es nicht. Eine Gleichgültigkeit ist in mir. Nur merken darf es niemand.

Lautes Hallo. Die Gäste kommen. Ich kenne niemand und ziehe mich zu meiner Musik zurück. Werde sie schon kennenlernen.

Die Zeit nähert sich dem Jahreswechsel. Ich gehe nach vorn in den Saal. Mein

Blick streift die fremden Gesichter. Da sehe ich Dich. Ein wenig verlassen erscheinst Du mir. Immer wieder kehrt mein Blick zu Dir zurück. Etwas geht von Dir aus. Ich ziehe mich wieder zurück. Doch nicht lange und meine Schritte führen mich wieder in Deine Nähe.

Mitternacht. Allgemeiner Glückwunschaustausch. Zum ersten mal sehe ich in Deine Augen. Uneingeschränkte Fröhlichkeit liegt nicht darin. Viel Verstehen spricht aus ihnen. Ihr leuchtendes blau deckt etwas zu.

Eine Faszination geht von Dir aus und erfasst mich. Wenn auch erst unterbewusst registriere ich, dass Du schön bist. Eine Schönheit, die durch die Seele geprägt wurde.

Später. Ein Gespräch bahnt sich an. Stockend erst. Da spüre ich es.

Vertrauen zu Dir. Ganz plötzlich ist es da. Doch schweigen muss es. Vorerst zumindest.

Sturm und Regen peitschen uns entgegen als ich Dich nach Hause bringe. Keine Möglichkeit zum Weitersprechen. Gute Nacht.

Noch lange klingt diese Begegnung in mir nach. Ein Zufall? Vielleicht. Es darf aber nicht ein Zufall bleiben. Mein Gefühl sagt mir, es ist eine schicksalhafte Begegnung die in beider Leben eingreifen wird.

Der Weg

Tagsüber hatte es ein wenig geschneit. Jetzt, in der aufkommenden Abenddämmerung, jagt der Wind die Wolken in großen Fetzen vor sich her. Es dunkelt. Ein fahles Mondlicht fällt herab. Ein paar Sterne blinken auf, vergehen, erscheinen, als triebe der Wind sein Spiel mit ihnen.

Vor mir der Weg. In langen, sanften Kehren windet er sich die Anhöhe hinauf. Er glitzert, als wäre er mit feinem Zucker überstäubt. An beiden Seiten kahle Bäume. Ihre Wipfel ragten schier in den Himmel. Ich schaue hinauf. Die jagenden Wolken vermittelten den Eindruck, als eilten die Bäume zu ihnen hin.

Entgegengehen, das werde ich jetzt. Dir entgegengehen. Denn auf diesem Wege kommst Du zu mir. Die Nacht ist angebrochen. Die Fenster der umliegenden Häuser sehen mit gelben Lichtern in die Dunkelheit. Langsam, Schritt für Schritt, die Hände tief in die Taschen vergraben, gehe ich Dir entgegen. Der erste langgestreckte Bogen des Weges. Ich bleibe stehen und schaue nach vorn. Ins Nichts. Dort scheint der Weg zu enden. Erleuchtete Fenster winken mir tröstend zu. Von dort wirst Du kommen.

Weiter, Schritt für Schritt. Der Wind hat zugenommen. Die Wolken sind verweht. Ein strahlender Nachthimmel blickt in eisiger Pracht herab. Weiter. Die Lichter werden größer. Doch der Weg verläuft ins Dunkel. Die Zeit tropft. Pink-pink-pink, wie ein undichter Wasserhahn. Minute um Minute verrinnt in quälender Langsamkeit.

Da, ein Schatten in der Nacht? Ja, er nimmt Gestalt an. Er nähert sich mir. Du bist es. Du kommst aus dem Dunkel der Nacht. Es wird licht. Der Wind ist verstummt. In silbernem Mondlicht getaucht näherst Du dich. Jetzt bist Du bei mir und nimmst meine Dir erwartungsvoll entgegengestreckten Hände.

Ein Sonntag im Mai. Ich sehe ihn wieder, diesen Weg. Umsäumt jetzt von grünen Bäumen und blühenden Sträucher. Jetzt müsste er schöner sein als in der kalten Winternacht. Doch er ist wie jeder andere Weg im Umkreis. Was unterschied ihn damals? Ich sehe es. Ihm fehlt das Leben, die Seele die Du ihm damals gabst. So scheide ich ohne Bedauern wieder von ihm. Es wird einen anderen Weg geben dem Du wieder Leben und Seele geben wirst. Werde ich ihn finden? Wird es wieder ein Weg der Begegnung sein?

Stakkato

Morgen werden wir uns wieder begegnen. Spät schon ist es, als ich mein Heim betrete. „Da ist etwas abgegeben worden.“ Ich schaue nach. Ein Brief von Dir ist dabei. Was schreibst Du mir? Es sind nur wenige Worte. Doch sie schleudern mich in einen Abgrund. Ist es das Ende? So plötzlich, ohne Anlass. Was habe ich getan? Was tat ich Dir? Sag es mir, bitte. Ich schreie es heraus, innerlich. Du kannst es ja doch nicht hören. Doch diesen innerlichen Schrei musst Du spüren.

Seele und Körper sind ein einziges Aufbegehren gegen etwas das nicht sein kann und doch ist. Da, da liegen meine Briefe an Dich. Mein Herz liegt in ihnen. Und da, der Brief von Dir. Ein dicker, roter Strich unter vergangene Tage. Er lebt, dieser Strich. Dicke, rote Tropfen rinnen von ihm herab. Tränen quellen mir aus den Augen. Ja, weine nur. Vielleicht, vielleicht spülen die Tränen diesen dicken, hässlichen Strich weg.

Ich schaue zum Fenster. Nichts kann ich erkennen. Doch, da steht die kalte Winternacht davor. Mich schaudert es. Kälte bricht in mich ein. Sie ist bereits in meinem Inneren. Nacht und Kälte. Stunde um Stunde vergeht.

Der Morgen dämmert. In mir ist eine brennende Wunde. Sicher, sie wird heilen. Doch eine tiefe Narbe bleibt. Grau und kalt ist der Morgen. Der Tag, die Nacht und wieder Tag und wieder Nacht.

Die Zeit fließt, sie geht weiter. Unbeeindruckt vom geschehen. Meine innere Uhr jedoch ist stehen geblieben.
Nein, es geht nicht so weiter. Wissen muss ich endlich was ich tat.
Bitte komme.

Du kommst. Vergessen der Schmerz. Vergessen die Frage nach dem Warum. Gewichen die Kälte in mir. Wärme umströmt mich, Licht überflutet mich. Du bist da.

Genese

Tage, Wochen vergehen. Die Zeit geht weiter. Eine Zeit der Begegnungen. Sie kommen und enden. Du kommst, Du gehst. Doch nach jeder Begegnung bleibt etwas zurück. Die innerliche Begegnung. Sie umgibt mich ständig. Immer verlangt sie nach erneuter Begegnung.

Doch noch eine andere Regung wächst heran. Ich sehe ein wüstes, ödes Land, ohne Wasser. Doch es beginnt sich zu regen. Wasser entquillt dem Boden. Ein Wachstum bahnt sich an. Gräser, Blumen, Sträucher und Bäume wachsen heran. Entstanden ist eine Oase. Bald darauf kommt weiteres Leben hinzu. Aus der Wüste ist ein Paradies geworden. Eine Genese, eine Entstehung. Eine Genese wie in mir, eine Genese der Liebe. Allmählich wachsend und nun zur immergrünen Oase geworden.

Nun kommst Du wieder. Eine neue Begegnung. Soll ich Dir von dieser Oase erzählen? Nein, auch Du hast die innere Begegnung und spürst die Genese in mir. Auch ohne Worte weißt Du es. Und Du? Meine Arme sind offen um Dich zu umfassen. Wirst Du einmal, irgendwann in diese Arme kommen?

Serenade

Wir bummeln durch die Straßen der Stadt. Schaufenster laden zum Betrachten ein. Die Dämmerung sinkt herab.

Ein kleines Lokal. Wir treten ein. Wärme, gedeckte Tische, dezente Beleuchtung und leise, verträumte Musik. Wir sitzen uns gegenüber. Die Gläser funkeln. In Deinem Rücken weitere Tische. Nur ein junges Paar dicht am Fenster. Das Fenster aus buntem Glas. Blumen davor. Die Dämmerung erhellt noch ein wenig dieses Fenster und das Licht bricht in den bunten Scheiben. Dein Hintergrund, Dein Rahmen, geschaffen für Dich. Du in der Mitte. Dein Haar schimmert wie reife Kastanien in dem warmen Licht. Das strahlen Deiner blauen Augen aber beschämt dieses Licht. Doch es lässt Deinen Mund wie glühenden roten Wein schimmern. Ein

Bild zum Träumen. Ein Bild das sich unauslöschlich einprägt. Still und verträumt bist auch Du. Versunken in Zeit und Raum. Die Gegenwart ist versunken. Warme und leuchtende Nebel steigen auf. In deren Mitte bist Du. Die Schönheit alles und umgebende weit übertreffend. Klar und hell hebst Du dich daraus empor. Ein Gefühl der Seligkeit durchflutet mich. Du bist bei mir. Nur wir beide sind auf dieser Welt.

Die Nacht ist angebrochen. Wir müssen zurück, zurück in die Zeit. Still und beeindruckt von dieser Begegnung brechen wir auf, treten den Heimweg an. Danke für diesen Abend. Er ist mir unvergesslich.

Unterwegs

Das Gewirr der Straßen und Häuser liegt hinter uns. Auf grauem Band der Autobahn eilt der Wagen dahin. Aus den Augenwinkeln blicke ich zu Dir. Still sitzt Du da. Weit in die Ferne gerichtet ist Dein Blick. Um Dich ist alles versunken. Es ist unverkennbar, Du bist glücklich. Ertappt, Du hast meinen Blick gespürt. Du siehst mich einfach an. Freude ist in Deinem Blick. Freude auch in mir.

So ein Tag, so wunderschön wie heute.
So ein Tag, der dürfte nie vergeh'n.
So ein Tag, auf den ich mich schon freute.
Und wer weiß, wann wir uns wiederseh'n.
Ach wie bald entflieh'n die schönen Stunden.
Wie die Wolken im Wind vergeh'n.
So ein Tag, so wunderschön wie heute.
So ein Tag, der dürfte nie vergeh'n.

Seite an Seite gehen wir durch all die Schönheiten die uns umgeben. Neue Eindrücke umfassen uns. Doch immer wieder neuer Eindruck ist der Deiner Gegenwart, unserer Begegnung.

Und wieder ruft die Zeit. „Ach wie schnell vergeh'n die schönen Stunden". Trauer des nahen Abschieds senkt sich wie Wolken über die Heimfahrt. „So ein Tag, der dürfte nie vergehn". Doch er vergeht. Nur die Erinnerung bleibt.

Sonnenuntergang

Die Sonne neigt sich dem Horizont. Noch leuchtet sie hell durch Dein Fenster. Ich bin bei Dir. Das Laub der Bäume wispert im leichten Wind als erzähle es vom vergehenden Tag.

Das soll nun unsere letzte Begegnung sein. Die letzte Begegnung dieser Art. Die Art in der ich Dir noch einmal meine Liebe zu Füßen lege. Du hast Dich anders entschieden. Du kannst diese Liebe, so groß und stark sie auch ist, nicht erwidern. Dieser Erkenntnis, die mir nicht fremd war, jedoch nie wahr haben wollte, muss ich mich nun beugen. Ich bin in Dein Leben getreten, Du in das meine. Ich liebe Dich, und stürze Dich damit in einen Strudel der Empfindungen. Das ist das Schicksal unserer Begegnung. So geh'n wir nun auseinander. Wir werden uns widersehen. Doch anders werden unsere künftigen Begegnungen sein.

Der Himmel verfärbt sich purpurn. Das Grün der Bäume hat einen roten Schein. Träge hängen die Blätter herab. Doch sie leben. Der Wind ist eingeschlafen. Lebe wohl und vergiss mich nicht.

Fast mechanisch lenke ich den wagen über die Bahn. Direkt in den sinkenden Feuerball. Könnte ich mich jetzt abheben und in die lodernde Glut stürzen, heimkehren zur Urmutter allen Lebens. Es wäre alles vorbei.
Doch nein, ich will es nicht. Dich wiedersehen will ich, noch oft, so lange bis----. Ja was den bis? Ich blicke nach oben. Die ersten Sterne verkünden die Nacht. Steht da oben die Antwort auf dieses „bis“? Alles bleibt stumm. Von dort kommt keine Antwort. Ich kenne sie nicht. Oder doch? Liebe und Hoffnung bleiben bestehen. Liegt in dieser Hoffnung die Antwort? Die Zukunft wird sie bringen.

Epilog (vom Autor)

Irgendwo draußen im Land fließen zwei Bäche von den Bergen. Steine und Felsen leiten ihre Wasser in wechselnde Richtung. Sie wissen nichts voneinander. Doch sie kommen einander näher. Da kreuzen ihre Wasser den Lauf. Doch sie fließen nicht ineinander um als breiter Fluss gemeinsam sich Bahn zu brechen. Sie fließen wieder auseinander. Aber ihre Richtung ist gleich, nebeneinander, da sich entfernend, dort sich näher kommend. Eines war geschehen. Als sich die Bäche kreuzten, konnten sich die Wasser nicht mehr ganz trennen. Jeder führte einen Teil des anderen Wassers mit sich. Das ist es, was im Anfang das Gefühl der schicksalhaften Begegnung war. Auch an Dir ging es nicht ohne Bedeutung vorüber. Etwas ist auch Dir geblieben. Möge es bleiben und nicht von den Wassern hinweg gespült werden, sondern ruhig mitfließen. Eines Tages münden die Bäche in einen Strom. Und der Strom ins Meer. Dann ist dieses Wasser unseres Lebens nicht mehr. Neues wird in diesen Bächen fließen. Wird es den gleichen Weg nehmen?

Epilog (vom Herausgeber)

Fertig, endlich fertig. Die letzten Wochen und Monate haben mich in eine Nachdenklichkeit befördert, die ich so nicht erwartet hätte.
Als meine Mutter mir damals vor beinahe 20 Jahren die Manuskripte meines Stiefvaters, ihres zweiten Ehemannes mit den Worten übergab: „Mach was daraus Junge“, habe ich das nicht so ernst genommen. Vielleicht war ich noch zu jung, noch zu unreif um zu erkennen, welchen Schatz sie mir in die Hände legte.

Wer war dieser außergewöhnliche Mann, der um einiges älter als meine Mutter mich als seinen Sohn anerkannte und Verantwortung für ein Gepäckstück meiner Mutter übernahm.
Uns trennten zwei Generationen, ich war sieben Jahre alt als er als mein neuer Vater in mein Leben trat.

Was sollte ich, ein Junge in diesem Alter von einem alten Mann erwarten, den meine Mutter mir ans Herz zu legen suchte, weil sie ihn liebte und vielleicht Angst vor einer ablehnenden Haltung von mir hatte?

Nun, er machte mir die Entscheidung leicht. Er war ein wenig zurückhaltend, doch mitfühlend für meine Jugend in seiner Art.

Das nahm mich damals sofort für ihn ein, er war einfach nicht aufdringlich. Das war wohl seine eigene Art, eben nicht aufdringlich zu sein.

Er gab mir niemals Antworten auf Fragen die ich gar nicht gestellt hatte. Er wartete bis ich überhaupt etwas fragte. Er war geduldig, beinahe mitfühlend zärtlich.

Das habe ich damals vor jetzt beinahe 30 Jahren nicht begriffen, ja noch gar nicht begreifen können.

Beim abtippen seiner Texte, noch mit Schreibmaschine geschrieben, erlebte ich bei manchen Textpassagen eine eigenartige Helle. Eine gedankliche Übereinkunft, ein tiefes Verstehen und eine wirkliche Bewunderung für diesen Menschen, dessen gedankliche Tiefe mir damals aufgrund meiner Jugend verborgen blieb.

Jetzt erst beim durchstöbern all seiner Texte verspüre ich den Verlust eines Menschen, der vor dreißig Jahren seine lebendige Liebe zu mir und meiner Mutter aufgeben musste, weil er einfach so verstarb.

Ich erinnere mich noch gut das er ein sehr zurückgezogener Mensch war. Leise ja, aber niemals verstohlen. Er zog sich in sein Zimmer zurück, dorthin wo seine Schreibmaschine auf seinem alten Schreibtisch stand. Er wollte dann nicht gestört werden, da war er freundlich bestimmt und sehr eigen.

Heute, weiß ich, vor einem Wust von Manuskripten stehend, warum er diese einsamen Stunden für sich suchte.

Er war ein stiller Denker, ein wahrer Schriftsteller ohne Leser, der für seine Welt damals vielleicht zu tief veranlagt war. Oder die Welt noch nicht reif für ihn, seine Gedanken, seine Sicht der Welt des Lebens und Liebens war. Wer weiß das schon im Nachhinein?

Ich habe es mir zur Aufgabe gemacht ihm mit meiner Arbeit einen Gedenkstein zu setzen, für all die verlorenen Gedanken, die Hoffnungen und Wünsche die Generationen verbindet und die er, wie ich heute weiß, verkörperte.

Denn es sind immer die Selben, nur eben zeitversetzt. Er hat mir seine Gedanken- und Lebenswelt als Erbe hinterlassen und ich bin ihm heute dankbar für jede Zeile die er schrieb.

Und es liegen noch viele dieser verblassten Zeilen vor mir die darauf warten von mir, dem Erben, für alle jene aufzubereiten die zum lesen und verstehen bereit sind, aufzubereiten. Diesem Erbe widme ich mich mit tiefer Dankbarkeit für meinen Stiefvater Gejo.

Bernd Reiner Kliesch

Danksagung

Mein Dank geht an:

Meinen verstorbenen Stiefvater, GeJo, der seine wertvollen Gedanken, mit der Schreibmaschine getippt auf Papier gebracht hat und somit der Nachwelt zur Verfügung stellte.

Meine Mutter, Gisela Kliesch, die mir dieses Werk weitervererbte, mit den Worten: „Mach was draus, Junge“.

Meine Frau Christine und meinem Sohn Ben-Luca, die mir die Zeit gaben, dieses Werk zu veröffentlichen.

Michael Uhlworm, für die fachliche und technische Unterstützung.

Impressum

Angaben gemäß § 5 TMG

Bernd Reiner Kliesch

Auf der Reide 44

40468 Düsseldorf

Kontakt Telefon: +491782020784

E-Mail:

bernd.kliesch@outlook.de